Curso

*La diferencia entre aprobar
y sacar plaza*

Cuerpo Administrativo
(Especialidad Administración General)

COMUNIDAD AUTÓNOMA DE EXTREMADURA

Si aún no dispones de tu **Curso MAD360**, te ofrecemos un acceso GRATIS de 30 días para que disfrutes de los siguientes recursos:

- Técnicas de Memoria 360.
- MADTEST: Test *online* Nivel PRO.
- Temario en formato digital.
- Planificación de estudio.
- Foro entre opositores hasta la fecha del examen.*
- Recursos y novedades exclusivas.
- Consúltanos sobre tu oposición y proceso selectivo.
- Actualizaciones legislativas (Boletines Oficiales) hasta 60 días antes de la fecha del examen.*

Para acceder a esta prueba del Curso MAD360** será necesaria la compra de todos los libros para esta especialidad de la edición 2026.

Regístrate en **mad.es/iniciar-sesion** y en la pestaña MIS CURSOS valida los códigos que encuentras en la última página de tus libros.

NOTA IMPORTANTE:

* Examen de esta categoría profesional correspondiente a la convocatoria publicada en el DOE núm. 244, de 19 de diciembre de 2025, o hasta el 28 de febrero de 2027, lo que se cumpla antes, y previa renovación del servicio.

** El acceso al CURSO MAD360 estará disponible desde febrero de 2026 (algunos recursos podrían estar disponibles en fecha posterior). Tendrá una duración de 30 días RENOVABLES mediante pago, desde la validación de códigos, o hasta el 31 de agosto de 2027, lo que se cumpla antes.

MAD se reserva el derecho a ampliar dichas fechas.

Cuerpo Administrativo (Administración General) de la Comunidad Autónoma de Extremadura

Enero 2026

Cuerpo Administrativo (Administración General) de la Comunidad Autónoma de Extremadura

Test del temario

LIDIA MARINA PONCE MARTÍNEZ
Licenciada en Psicología

ELENA GARCÍA FERNÁNDEZ
Licenciada en Derecho

FRANCISCO JESÚS TORRES FONSECA
Licenciado en Derecho

JOAQUÍN MARTÍNEZ DEL FRESNO
Licenciado en Derecho
Funcionario del Cuerpo Superior de Administradores de la Junta de Andalucía especialidad Gestión Financiera (A.1.1200) y del Cuerpo de Gestión Administrativa, especialidad Gestión Financiera (A.2.1200)

© 7 Editores Recursos para la Cualificación Profesional y el Empleo, S.L. (7 Editores)
© Los autores
Primera edición, enero 2026 (136 páginas)
Derechos de edición reservados a favor de 7 Editores
IMPRESO EN ESPAÑA
Diseño Portada: 7 Editores
Edita: 7 Editores
Avda. San Francisco Javier, 9 · Edificio Sevilla 2 · Planta 11 · Módulos 25-27 · 41018 Sevilla
Teléfono: 954 784 411 · WEB: www.mad.es · e-mail: administracion@7editores.com
ISBN: 979-13-702-8444-2
© "Editorial Mad" y "Eduforma" son nombres comerciales registrados de
7 Editores Recursos para la Cualificación Profesional y el Empleo, S.L.

Índice

El Gobierno y la Administración de la Comunidad Autónoma de Extremadura (I): Estructura. Título Preliminar. El Presidente de la Comunidad Autónoma de Extremadura. La Junta de Extremadura

1. Las instituciones de autogobierno son competencia exclusiva de la Comunidad Autónoma, tal y como establece el Estatuto de Autonomía en su artículo:

a) 8.
b) 9.
c) 10.
d) 11.

2. Tal y como establece la Ley 1/2014, de 18 de febrero, de regulación del estatuto de los cargos públicos del Gobierno y la Administración de la Comunidad Autónoma de Extremadura, según su artículo 6, el Presidente tiene derecho a:

a) Recibir el tratamiento de Ilustrísima.
b) La precedencia sobre cualquier otra autoridad de la Comunidad Autónoma de Extremadura.
c) Que le sean rendidos los honores que, en razón a la dignidad del cargo, le atribuya la legislación vigente y los que en su día se acuerden por razones de interés legal, a nivel estatal.
d) Todas son correctas.

3. ¿Quién elige al Presidente de la Junta?

a) El Rey.
b) La Asamblea de Extremadura de entre sus miembros.
c) El pueblo.
d) Ninguna es correcta.

4. ¿Cuándo toma posesión del cargo el Presidente electo?

a) En el plazo de cinco días a contar desde la publicación de su nombramiento en el Boletín Oficial del Estado.
b) Al día siguiente de la publicación de su nombramiento en el Boletín Oficial del Estado.

c) En el momento de la publicación en el Diario Oficial de Extremadura.

d) Al mes de su publicación en el Boletín Oficial del Estado.

5. ¿Qué tratamiento recibe el Presidente de la Junta?

a) Ilustrísima.

b) Señoría.

c) Excelentísimo/a Señor/a.

d) Señor.

6. Durante su mandato, los Diputados no podrán ser detenidos ni retenidos en el territorio de la Comunidad sino en caso de flagrante delito, correspondiendo decidir, en todo caso, sobre su inculpación, prisión, procesamiento y juicio:

a) Al Tribunal Supremo.

b) Al Tribunal Constitucional.

c) A la Audiencia Nacional.

d) Al Tribunal Superior de Justicia de Extremadura.

7. ¿Quién nombra y separa libremente a los miembros de la Junta de Extremadura?

a) El Rey.

b) La Asamblea, dando cuenta al Presidente.

c) El Presidente, dando cuenta al Rey.

d) El Presidente, dando cuenta a la Asamblea.

8. La acción de gobierno tras el cese del Presidente se limitará a la gestión del despacho ordinario de los asuntos públicos, absteniéndose de adoptar cualesquiera otras medidas, salvo casos de urgencia o por razones de interés general, según el principio rector de:

a) Mínima intervención.

b) Neutralidad política.

c) Lealtad y colaboración.

d) Información y transparencia.

9. La Junta en funciones podrá:

a) Aprobar la estructura orgánica de las consejerías.

b) Crear Comisiones Delegadas del Consejo de Gobierno.

c) Aprobar proyectos de leyes, incluido el proyecto de ley de presupuestos de la Comunidad Autónoma.

d) Solicitar a la Asamblea de Extremadura que se reúna en sesión ordinaria.

10. ¿Puede la Junta de Extremadura en funciones aprobar decretos-leyes?

a) No, en ningún caso.

b) Sí, siempre.

c) Sí, siempre con el dictamen de la Asamblea que se pronuncie sobre la urgencia que justifique la aprobación.

d) Sí, siempre que el dictamen del Consejo Consultivo de Extremadura se pronuncie sobre la urgencia que justifique la aprobación.

Solución al test n.º 1

1. b) 9.

2. b) La precedencia sobre cualquier otra autoridad de la Comunidad Autónoma de Extremadura.

3. b) La Asamblea de Extremadura de entre sus miembros.

4. a) En el plazo de cinco días a contar desde la publicación de su nombramiento en el Boletín Oficial del Estado.

5. c) Excelentísimo/a Señor/a.

6. d) Al Tribunal Superior de Justicia de Extremadura.

7. d) El Presidente, dando cuenta a la Asamblea.

8. a) Mínima intervención.

9. d) Solicitar a la Asamblea de Extremadura que se reúna en sesión ordinaria.

10. d) Sí, siempre que el dictamen del Consejo Consultivo de Extremadura se pronuncie sobre la urgencia que justifique la aprobación.

TEST N.º 2

El Gobierno y la Administración de la Comunidad Autónoma de Extremadura (II): Los Miembros de la Junta de Extremadura. Las relaciones del Presidente y la Junta con la Asamblea de Extremadura. La Administración de la Comunidad Autónoma: Principios y normas generales de actuación de la Administración de la Comunidad Autónoma de Extremadura. Relaciones de la Comunidad Autónoma con otras Administraciones Públicas

1. Indica la opción correcta en relación a los Consejeros:

a) Son miembros de la Junta de Extremadura y titulares de la Consejería que tuvieran asignada en la Ley de nombramiento.
b) El nombramiento de los Consejeros se publica de forma potestativa en el Diario Oficial de Extremadura.
c) Los Consejeros son nombrados y separados libremente por la Asamblea, quien lo comunicará inmediatamente al Presidente, iniciando su mandato desde la toma de posesión ante el Presidente.
d) Ninguna es correcta.

2. La Junta de Extremadura establece la política general y dirige la Administración de la Comunidad Autónoma, de acuerdo con las directrices generales:

a) De la Asamblea.
b) Del Gobierno central.
c) Del Presidente.
d) Ninguna es correcta.

3. ¿Cuál es la composición de la Junta de Extremadura, según el Estatuto de Autonomía?

a) Presidente y Consejeros.
b) Presidente, Vicepresidente o Vicepresidentes, si los hubiere, y los Consejeros.
c) Presidente y en su caso Consejeros.
d) Presidente, Vicepresidente y demás órganos establecidos.

4. ¿Cómo son nombrados y separados los miembros de la Junta de Extremadura?

a) Libremente por el Presidente, dando cuenta a la Asamblea.
b) Libremente por el Presidente, dando cuenta al Consejo de Gobierno.
c) Libremente por el Consejo de Gobierno, dando cuenta a la Asamblea.
d) Por mayoría absoluta de la Asamblea.

5. Los Vicepresidentes serán nombrados por el Presidente mediante:

a) Ley.
b) Resolución.
c) Orden.
d) Decreto.

6. Conforme a la Constitución y el Estatuto de Autonomía, el Presidente:

a) Deberá ser miembro de la Asamblea de Extremadura.
b) No será necesaria su condición de Diputado.
c) Podrá desempeñar cargos de representación popular en el ámbito de la Adminis-tración Local siempre que no perciba remuneración, retribución o indemnización por cualquier forma o concepto.
d) Ninguna es correcta.

7. ¿A quién le corresponde proponer a la Junta de Extremadura el nombramiento y cese de los altos cargos de su Consejería que requieran la forma de Decreto?

a) Al Presidente de la Junta.
b) A los Consejeros.
c) Al Consejero competente en materia de Presidencia, únicamente.
d) A la Asamblea.

8. La efectividad del cese de los Consejeros no se produce desde la publicación del correspondiente Decreto en el Diario Oficial de Extremadura:

a) Por cese del Presidente de la Junta.
b) Por dimisión del Presidente.
c) Por revocación de su nombramiento libremente decidida por el Presidente.
d) Por fallecimiento.

9. Tras la elección y toma de posesión del Presidente, de acuerdo con el Estatuto de Autonomía y el Reglamento de la Asamblea, este dictará los correspondientes decretos de cese de los miembros del gobierno anterior, ¿en qué plazo?

a) No superior a cinco días.
b) Inferior a diez días.

c) No superior a quince días.
d) Al día siguiente de su toma de posesión.

10. La confianza al Presidente de la Junta se entiende otorgada:

a) Cuando vote a favor de la misma, la mayoría absoluta de los miembros de la Asamblea.
b) Cuando vote a favor de la misma, la mayoría simple de los miembros de la Asamblea.
c) Siguiendo el mismo procedimiento que para la moción de censura.
d) Ninguna es correcta.

En MADTEST tienes **más preguntas de este tema**, y todos tus avances quedan registrados y se reflejan en el ranking.

¡Supera tus límites con MADTEST!

Solución al test n.º 2

1. d) Ninguna es correcta.

2. c) Del Presidente.

3. b) Presidente, Vicepresidente o Vicepresidentes, si los hubiere, y los Consejeros.

4. a) Libremente por el Presidente, dando cuenta a la Asamblea.

5. d) Decreto.

6. a) Deberá ser miembro de la Asamblea de Extremadura.

7. b) A los Consejeros.

8. d) Por fallecimiento.

9. a) No superior a cinco días.

10. b) Cuando vote a favor de la misma, la mayoría simple de los miembros de la Asamblea.

El Gobierno y la Administración de la Comunidad Autónoma de Extremadura (III): La Administración de la Comunidad Autónoma: Los Órganos de la Administración de la Comunidad Autónoma. El procedimiento de elaboración de Reglamentos y anteproyectos de Ley. El ejercicio de sus competencias por los órganos de la Administración de la Comunidad Autónoma. El régimen jurídico de la actuación de la Administración de la Comunidad Autónoma. Las oficinas de asistencia a la ciudadanía

1. Según el Estatuto de Autonomía de Extremadura, la Administración de la Comunidad Autónoma actúa, entre otros principios, con sometimiento a la ley y de conformidad con los principios de:

a) Jerarquía, eficacia y descentralización exclusivamente.
b) Lealtad institucional, solidaridad, colaboración, coordinación, cooperación y mutua ayuda.
c) Eficiencia económica, control financiero y estabilidad presupuestaria.
d) Transparencia, publicidad activa y neutralidad política.

2. Entre las potestades de la Administración de la Comunidad Autónoma reconocidas en el artículo 38 del Estatuto de Autonomía NO se encuentra:

a) La potestad sancionadora dentro de los límites legales.
b) La presunción de legitimidad y el carácter ejecutivo de sus actos.
c) La potestad legislativa originaria.
d) La revisión de oficio de sus actos y disposiciones en vía administrativa.

3. La organización básica de la Administración de la Comunidad Autónoma de Extremadura se regula en:

a) El Estatuto de Autonomía exclusivamente.
b) La Ley 39/2015, de 1 de octubre.
c) La Ley 1/2002, de 28 de febrero.
d) El Reglamento de Organización Administrativa de Extremadura.

4. Las Consejerías de la Junta de Extremadura se caracterizan porque:

a) Carecen de estructura jerárquica interna.
b) Están dirigidas por órganos colegiados.
c) Se integran por órganos jerárquicamente ordenados bajo la superior dirección del Consejero.
d) Solo pueden modificarse mediante ley de la Asamblea.

5. Tienen la consideración de órganos superiores de la Administración de la Comunidad Autónoma:

a) El Presidente, los Secretarios Generales y los Directores Generales.
b) El Presidente, la Junta de Extremadura y los Consejeros.
c) El Presidente, la Asamblea y el Consejo Consultivo.
d) El Presidente, los Vicepresidentes y los Secretarios Generales.

6. Bajo la superior autoridad del Consejero, la estructura ordinaria de una Consejería incluye:

a) Secretarías Técnicas, Subdirecciones y Servicios.
b) Direcciones Territoriales y Organismos Autónomos.
c) Gabinetes Jurídicos y órganos consultivos.
d) Secretaría General y Direcciones Generales.

7. La aprobación o modificación de la estructura orgánica de una Consejería se realizará:

a) Por Orden del Consejero correspondiente.
b) Por Ley de la Asamblea de Extremadura.
c) Por Decreto, previa deliberación del Consejo de Gobierno.
d) Por Resolución de la Secretaría General.

8. Para la creación de un nuevo órgano administrativo es obligatorio, entre otros requisitos:

a) Que exista informe del Consejo Consultivo.
b) Que se determine su dependencia jerárquica y funciones.
c) Que tenga carácter colegiado.
d) Que sea aprobado por la Asamblea.

9. Los Secretarios Generales se caracterizan, principalmente, por:

a) Dirigir políticamente la Consejería.
b) Ejercer la jefatura superior de la Consejería después del Consejero.
c) Resolver recursos administrativos.
d) Ostentar la representación institucional de la Consejería.

10. A los Directores Generales les corresponde:

a) La jefatura superior del personal de la Consejería.
b) La coordinación interdepartamental entre Consejerías.
c) Dirigir y gestionar los servicios de su ámbito competencial.
d) La elaboración de los presupuestos generales de la Comunidad Autónoma.

En MADTEST tienes **más preguntas de este tema**, y todos tus avances quedan registrados y se reflejan en el ranking.

¡Supera tus límites con MADTEST!

Solución al test n.º 3

1. b) Lealtad institucional, solidaridad, colaboración, coordinación, cooperación y mutua ayuda.

2. c) La potestad legislativa originaria.

3. c) La Ley 1/2002, de 28 de febrero.

4. c) Se integran por órganos jerárquicamente ordenados bajo la superior dirección del Consejero.

5. b) El Presidente, la Junta de Extremadura y los Consejeros.

6. d) Secretaría General y Direcciones Generales.

7. c) Por Decreto, previa deliberación del Consejo de Gobierno.

8. b) Que se determine su dependencia jerárquica y funciones.

9. b) Ejercer la jefatura superior de la Consejería después del Consejero.

10. c) Dirigir y gestionar los servicios de su ámbito competencial.

El Gobierno y la Administración de la Comunidad Autónoma de Extremadura (IV): Los organismos públicos de la Comunidad Autónoma de Extremadura. La potestad sancionadora. La responsabilidad patrimonial de la administración de la Comunidad Autónoma y de sus autoridades y demás personal a su servicio

1. La modificación de los Organismos Públicos deberá producirse, cuando suponga la alteración de sus fines generales, por:

a) Decreto.
b) Decreto Legislativo.
c) Ley.
d) Orden.

2. Cuando la modificación afecte únicamente a la organización del Organismo público, se llevará a cabo por:

a) Ley.
b) Decreto.
c) Resolución.
d) Orden.

3. Cuando la modificación afecte únicamente a la organización del Organismo público se llevará a cabo:

a) A iniciativa de la Consejería de adscripción y a propuesta de la Consejería que ejerza las funciones de Presidencia.
b) A iniciativa de la Consejería que ejerza las funciones de Presidencia y a propuesta de quien ejerza la Economía y Hacienda.
c) A iniciativa de la Consejería que ejerza funciones de Hacienda y a propuesta de quien ejerza las funciones de Presidencia.
d) Ninguna es correcta.

4. Las Entidades Públicas de la Junta de Extremadura desarrolladas en la Ley 1/2008, de 22 de mayo, tienen en común lo siguiente:

a) Dependen orgánicamente de la misma Consejería.
b) Tienen su sede en Badajoz.
c) Son entes públicos sometidos al Derecho Administrativo.
d) Su presupuesto no es limitativo.

5. La Agencia Extremeña de Evaluación Educativa tiene encomendadas las siguientes finalidades:

a) Ayudas individualizadas de transporte escolar y/ o comedor escolar.
b) Ayudas destinadas a financiar la dotación de libros de texto y de material escolar a centros privados concertados de la Comunidad Autónoma de Extremadura que impartan enseñanzas de segundo ciclo de Educación Infantil, Educación Obligatoria y Educación Especial.
c) Libramiento de fondos para la dotación de libros de texto y de material escolar y didáctico a centros públicos de la Comunidad Autónoma de Extremadura que impartan enseñanzas de segundo ciclo de Educación Infantil, Educación Primaria, Educación Obligatoria y Educación Especial.
d) Fomentar la cultura de la evaluación en general y de la autoevaluación en los centros docentes, servicios, programas y actividades que conforman el sistema educativo extremeño.

6. No forma parte del sector público autonómico según la Ley General de Hacienda Pública:

a) Las empresas públicas de la Comunidad Autónoma de Extremadura, entendiendo por tales las creadas por Ley de la Asamblea.
b) Las fundaciones del sector público autonómico, entendiéndose por tales aquellas en que concurra que su patrimonio fundacional, con un carácter de permanencia, esté formado en más de un 30 por 100 por bienes o derechos aportados o cedidos por las referidas entidades.
c) Los organismos públicos dependientes de la Junta de Extremadura.
d) Todas son correctas.

7. ¿Qué tipo de personalidad jurídica tienen los organismos autónomos según la Ley 1/2002?

a) Propia
b) Plena.
c) Diferenciada.
d) Ninguna es correcta.

8. Las entidades públicas empresariales se rigen por el Derecho Privado:

a) Siempre, sin excepciones.
b) En ningún caso.

c) Excepto en la formación de la voluntad de sus órganos.
d) Excepto en los aspectos regulados en el Estatuto de Autonomía.

9. ¿Cómo han de aprobarse los Estatutos de las Entidades Públicas Empresariales?

a) Por Decreto del Consejo de Gobierno.
b) Por Ley del Consejo de Gobierno.
c) Por Ley de la Asamblea.
d) Ninguna es correcta.

10. Los Estatutos de las Entidades Públicas Empresariales se aprobarán:

a) Por iniciativa de los titulares de las Consejerías que ostenten las competencias en materia de Hacienda y de Administración Pública.
b) A propuesta de la Consejería a la que esté vinculada el ente.
c) A iniciativa de la Consejería a la que esté vinculada el ente y a propuesta conjunta de los titulares de las Consejerías que ostenten las competencias en materia de Hacienda y de Administración Pública.
d) Ninguna es correcta.

Solución al test n.º 4

1. c) Ley.

2. b) Decreto.

3. a) A iniciativa de la Consejería de adscripción y a propuesta de la Consejería que ejerza las funciones de Presidencia.

4. c) Son entes públicos sometidos al Derecho Administrativo.

5. d) Fomentar la cultura de la evaluación en general y de la autoevaluación en los centros docentes, servicios, programas y actividades que conforman el sistema educativo extremeño.

6. b) Las fundaciones del sector público autonómico, entendiéndose por tales aquellas en que concurra que su patrimonio fundacional, con un carácter de permanencia, esté formado en más de un 30 por 100 por bienes o derechos aportados o cedidos por las referidas entidades.

7. c) Diferenciada.

8. c) Excepto en la formación de la voluntad de sus órganos.

9. a) Por Decreto del Consejo de Gobierno.

10. c) A iniciativa de la Consejería a la que esté vinculada el ente y a propuesta conjunta de los titulares de las Consejerías que ostenten las competencias en materia de Hacienda y de Administración Pública.

TEST N.º 5

Estatuto Básico del Empleado Público: Objeto y ámbito de aplicación. Clases de personal al servicio de las Administraciones Públicas. Derechos de los Empleados Públicos. Derecho a la Carrera Profesional y a la Promoción Interna. La evaluación del Desempeño. Derechos Retributivos

1. ¿De qué forma se aprobó la vigente Ley del Estatuto Básico del Empleado Público?

a) Por una Ley Orgánica.
b) Mediante un Texto Refundido.
c) Mediante una Ley de Bases.
d) Por un Real Decreto-Ley.

2. ¿Cuántos títulos contiene el Texto Refundido de la Ley del Estatuto Básico del Empleado Público?

a) 5 títulos.
b) 8 títulos.
c) 10 títulos.
d) 12 títulos.

3. El título I del Texto Refundido de la Ley del Estatuto Básico del Empleado Público trata de:

a) Las clases de personal.
b) Los derechos de los empleados públicos.
c) El objeto y el ámbito de aplicación.
d) Los órganos competentes en materia de función pública.

4. El EBEP contiene:

a) Aquello que es común al conjunto de los empleados públicos de todas las Administraciones Públicas.

b) Las normas legales específicas aplicables a los empleados públicos de todas las Administraciones Públicas.

c) Aquello que es común al conjunto de los funcionarios de todas las Administraciones Públicas, más las normas legales específicas aplicables al personal laboral a su servicio.

d) Aquello que es común al conjunto del personal laboral de todas las Administraciones Públicas, más las normas legales específicas aplicables al personal funcionario a su servicio.

5. Según su artículo 1.1, es objeto del EBEP establecer las .... del régimen estatutario de los funcionarios públicos incluidos en su ámbito de aplicación. Señalar la palabra que falta en la anterior frase:

a) Peculiaridades.

b) Especialidades.

c) Excepciones.

d) Bases.

6. Se regirá por la legislación específica dictada por el Estado y por las comunidades autónomas en el ámbito de sus respectivas competencias y por lo previsto en el EBEP, excepto el capítulo II del título III (salvo el artículo 20), y los artículos 22.3, 24 y 84:

a) El personal funcionario de las Universidades Públicas.

b) El personal funcionario y en lo que proceda el personal laboral al servicio de las Administraciones de las entidades locales.

c) El personal estatutario de los servicios de salud.

d) El personal funcionario y laboral al servicio de las Administraciones de las comunidades autónomas.

7. Para todo el personal de las Administraciones Públicas no incluido en su ámbito de aplicación, el EBEP tendrá carácter:

a) Consultivo.

b) Voluntario.

c) Supletorio.

d) Interpretativo.

8. Las disposiciones del EBEP sólo se aplicarán directamente cuando así lo disponga su legislación específica al siguiente personal:

a) El personal funcionario de las entidades locales.

b) El personal estatutario de los Servicios de Salud.

c) Personal de las Fuerzas y Cuerpos de Seguridad.
d) El personal docente.

9. Es un principio de actuación del EBEP:

a) La jerarquía en la atribución, ordenación y desempeño de las funciones y tareas.
b) La negociación en la atribución, ordenación y desempeño de las funciones y tareas.
c) La participación en la atribución, ordenación y desempeño de las funciones y tareas.
d) La promoción en la atribución, ordenación y desempeño de las funciones y tareas.

10. El artículo 8 del Texto Refundido de la Ley del Estatuto Básico del Empleado Público, aprobado por el Real Decreto Legislativo 5/2015, de 30 de octubre, define como aquellos quienes desempeñan funciones retribuidas en las Administraciones Públicas al servicio de los intereses generales:

a) A los Funcionarios públicos.
b) A los Empleados públicos.
c) Al Personal laboral de las Administraciones Públicas.
d) Al personal estatutario.

En MADTEST tienes **más preguntas de este tema**, y todos tus avances quedan registrados y se reflejan en el ranking.

¡Supera tus límites con MADTEST!

Solución al test n.º 5

1. b) Mediante un Texto Refundido.

2. b) 8 títulos.

3. c) El objeto y el ámbito de aplicación.

4. c) Aquello que es común al conjunto de los funcionarios de todas las Administraciones Públicas, más las normas legales específicas aplicables al personal laboral a su servicio.

5. d) Bases.

6. c) El personal estatutario de los servicios de salud.

7. c) Supletorio.

8. c) Personal de las Fuerzas y Cuerpos de Seguridad.

9. a) La jerarquía en la atribución, ordenación y desempeño de las funciones y tareas.

10. b) A los Empleados públicos.

La Función Pública de Extremadura (I): Personal al servicio de las Administraciones Públicas de Extremadura. Ordenación y estructura de los recursos humanos. Adquisición y pérdida de la condición de empleado público

1. Basándonos en el artículo 12 de la Ley de Función Pública de Extremadura, no es una clase de empleado público:

a) Funcionario de carrera.
b) Personal laboral fijo.
c) Funcionario interino.
d) Funcionario eventual.

2. A los efectos de la Ley 13/2015, los funcionarios de carrera son aquellos quienes, en virtud de nombramiento legal, están vinculados a una Administración Pública de Extremadura por una relación estatutaria regulada por:

a) El Derecho Laboral.
b) El Derecho Administrativo.
c) El Derecho Civil.
d) El Derecho Constitucional.

3. Pueden nombrarse funcionarios interinos para la ejecución de programas de carácter temporal que respondan a necesidades no permanentes de la Administración. Los nombramientos no podrán tener una duración:

a) Inferior a 12 meses ni superior a 3 años.
b) Inferior a 3 años.
c) Superior a 3 años, ampliables hasta doce meses más en caso de necesidad debidamente justificada.
d) Superior a 12 meses, no prorrogables.

4. Según el artículo 16 de la Ley 13/2015, pueden nombrarse funcionarios interinos por exceso o acumulación de tareas por plazo:

a) Máximo de seis meses, dentro de un periodo de doce meses.
b) Mínimo de 6 meses y máximo de 12 meses.
c) Máximo de 12 meses.
d) Máximo de 12 meses dentro de un periodo de 3 años.

5. Señala la respuesta incorrecta. Según el artículo 22 de la Ley 13/2015, la designación de personal directivo:

a) Atenderá a principios de mérito y capacidad.
b) Se llevará a cabo mediante procedimientos que garanticen la publicidad y concurrencia.
c) Supone la adquisición de la condición de personal eventual.
d) Atenderá a criterios de idoneidad.

6. La Ley 13/2015 se aplica al personal estatutario del Servicio Extremeño de Salud y al personal docente no universitario en lo referente a:

a) La promoción interna.
b) Las retribuciones complementarias.
c) Las situaciones de excedencia.
d) La movilidad voluntaria entre Administraciones Públicas.

7. El Título VIII de la Ley 13/2015, de 8 de abril, se refiere a:

a) La promoción profesional y evaluación del desempeño.
b) Las situaciones administrativas.
c) La provisión de puestos de trabajo y movilidad.
d) La adquisición y pérdida de la condición de empleado público.

8. Conforme al artículo 14 de la Ley 13/2015, corresponden en exclusiva a los funcionarios públicos, el ejercicio de funciones:

a) Directivas.
b) Que impliquen la participación directa o indirecta en el ejercicio de las potestades públicas.
c) Del ámbito militar, de la Justicia o de la Hacienda Pública.
d) Que impliquen la participación directa (no la indirecta), en la salvaguardia de los intereses generales del Estado.

9. En relación con el personal eventual, es cierto que:

a) Será retribuido con cargo a los créditos presupuestarios consignados para el personal funcionario.
b) La condición de personal eventual constituirá mérito en la fase de concurso para el acceso a la Función Pública.

c) Su cese tendrá lugar, en todo caso, cuando se produzca el de la autoridad a la que se preste la función de confianza o asesoramiento.

d) La condición de personal eventual computará como mérito para la promoción interna.

10. Es un fundamento de actuación ordenador de la función pública extremeña, según el artículo 2 de la Ley 13/2015:

a) Evaluación y responsabilidad de los órganos directivos.

b) Cooperación entre las Administraciones Públicas en la regulación y gestión del empleo público.

c) Negociación colectiva y participación en la atribución, ordenación y desempeño de las funciones y tareas.

d) Servicio a la Administración y a los intereses del Gobierno.

En MADTEST tienes **más preguntas de este tema**, y todos tus avances quedan registrados y se reflejan en el ranking.

¡Supera tus límites con MADTEST!

Solución al test n.º 6

1. d) Funcionario eventual.

2. b) El Derecho Administrativo.

3. c) Superior a 3 años, ampliables hasta doce meses más en caso de necesidad debidamente justificada.

4. a) Máximo de seis meses, dentro de un periodo de doce meses.

5. c) Supone la adquisición de la condición de personal eventual.

6. c) Las situaciones de excedencia.

7. c) La provisión de puestos de trabajo y movilidad.

8. b) Que impliquen la participación directa o indirecta en el ejercicio de las potestades públicas.

9. c) Su cese tendrá lugar, en todo caso, cuando se produzca el de la autoridad a la que se preste la función de confianza o asesoramiento.

10. b) Cooperación entre las Administraciones Públicas en la regulación y gestión del empleo público.

La Función Pública de Extremadura (II): Acceso al empleo Público. Situaciones Administrativas. Ingreso del personal al servicio de la Comunidad Autónoma de Extremadura. El acceso de las personas con discapacidad al empleo público de la Comunidad Autónoma de Extremadura

1. Según el artículo 95 de la Ley 13/2015, los sistemas selectivos de funcionarios de carrera serán los de oposición y concurso-oposición que deberán incluir, en todo caso, una o varias pruebas para determinar la capacidad de los aspirantes y:

a) Establecer el orden de prelación.
b) Su adecuación a los puestos ofertados.
c) Sus perfiles profesionales.
d) Establecer el nivel básico de acceso.

2. Señalar la opción incorrecta. El acceso al empleo público se efectuará de acuerdo con los principios constitucionales de:

a) Capacidad.
b) Mérito.
c) Igualdad.
d) Participación.

3. En las ofertas de empleo público de la Administración de la Comunidad Autónoma de Extremadura se reservará para ser cubiertas entre personas con discapacidad, un cupo de las vacantes no inferior al:

a) 2%.
b) 5%.
c) 7%.
d) 10%.

4. Podrá/n formar parte de los órganos de selección:

a) El personal eventual.
b) Los funcionarios interinos.
c) El personal de designación política.
d) El personal laboral.

5. ¿Puede utilizarse el sistema de concurso de valoración de méritos para la selección de personal funcionario de carrera?

a) No, solo se permiten los sistemas de oposición y concurso-oposición.
b) Excepcionalmente, en virtud de ley.
c) Sí, es uno de los sistemas permitidos.
d) Únicamente para la consolidación de empleo.

6. ¿Pueden los órganos de selección proponer el acceso a la condición de funcionario de un número superior de aprobados al de plazas convocadas?

a) No, en ningún caso.
b) Sí, siempre que no sobrepasen el 10% de las plazas convocadas, con objeto de cubrir posibles renuncias de los aspirantes seleccionados.
c) Sí, si así lo prevé la propia convocatoria.
d) Sí, a efectos de creación de listas de reserva.

7. ¿Puede eximirse del requisito de la nacionalidad para el acceso a la condición de personal funcionario?

a) No, en ningún caso.
b) Solo porque lo autoriza una ley o por razones de interés general.
c) Sí, pero solo cuando se trate del acceso a categorías inferiores.
d) Solo por ley, por razones de interés general.

8. Según el Reglamento General de Ingreso (RGI), el acceso a los Cuerpos y Escalas de funcionarios de la Comunidad Autónoma de Extremadura se realiza mediante:

a) Resolución directa del órgano competente.
b) Convocatoria pública ajustada a las bases correspondientes.
c) Concurso de méritos con carácter general.
d) Nombramiento provisional con posterior confirmación.

9. ¿Cuál es el sistema ordinario de ingreso del personal funcionario según el artículo 4 del RGI?

a) El concurso.
b) El concurso-oposición.

c) La oposición.
d) El curso selectivo.

10. Según el artículo 5 del RGI, los procedimientos de selección deberán garantizar principalmente:

a) La rapidez del proceso.
b) La selección de aspirantes con mayor antigüedad.
c) La selección de los aspirantes más capaces e idóneos.
d) La igualdad territorial en el acceso.

En MADTEST tienes **más preguntas de este tema**, y todos tus avances quedan registrados y se reflejan en el ranking.

¡Supera tus límites con MADTEST!

Solución al test n.º 7

1. a) Establecer el orden de prelación.

2. d) Participación.

3. d) 10%.

4. d) El personal laboral.

5. b) Excepcionalmente, en virtud de ley.

6. c) Sí, si así lo prevé la propia convocatoria.

7. d) Solo por ley, por razones de interés general.

8. b) Convocatoria pública ajustada a las bases correspondientes.

9. b) El concurso-oposición.

10. c) La selección de los aspirantes más capaces e idóneos.

La Función Pública de Extremadura (III):
Situaciones Administrativas. Derechos del personal empleado público. Jornada de trabajo, permisos y vacaciones. La regulación de la jornada y horario de trabajo, los permisos y las vacaciones del personal funcionario al servicio de la Administración de la Comunidad Autónoma de Extremadura

1. Cuando adquieran la condición de funcionarios al servicio de organizaciones internacionales, los funcionarios de carrera serán declarados en situación de:

a) Excedencia.
b) Servicios especiales.
c) Servicio en otras Administraciones Públicas.
d) Servicio activo.

2. A tenor del artículo 133 de la Ley 13/2015, no es una modalidad de excedencia de los funcionarios de carrera:

a) Excedencia por nacimiento o adopción de un hijo.
b) Excedencia por razón de violencia de género.
c) Excedencia voluntaria por agrupación familiar.
d) Excedencia voluntaria por prestación de servicios en el sector público.

3. Cuando finalizada la causa que determinó el pase a una situación distinta a la de servicio activo se incumpla la obligación de solicitar el reingreso al servicio activo en el plazo en que se determine reglamentariamente:

a) El interesado perderá la condición de funcionario.
b) Procederá declarar de oficio la excedencia voluntaria por interés particular.
c) Procederá declarar de oficio la suspensión de funciones.
d) Se entenderá que renuncia a la condición de funcionario.

4. En relación con la excedencia voluntaria por razones de interés particular, de los funcionarios de carrera, es cierto que:

a) Les será computable el tiempo que permanezcan en tal situación a efectos de derechos en el régimen de Seguridad Social que les sea de aplicación.

b) Podrá declararse cuando al funcionario público se le instruya expediente disciplinario.

c) La concesión de excedencia voluntaria por interés particular quedará subordinada a las necesidades del servicio debidamente motivadas.

d) Su duración no podrá ser superior a tres años.

5. En relación con la excedencia voluntaria para el cuidado de familiares, es cierto que:

a) En el caso de que dos funcionarios generasen el derecho a disfrutarla por el mismo sujeto causante, no se les podrá limitar el uso íntegro y simultáneo de la misma.

b) El tiempo de permanencia en esta situación no será computable a efectos de trienios, carrera y derechos en el régimen de Seguridad Social que sea de aplicación.

c) Los funcionarios en esta situación no podrán participar en los cursos de formación que convoque la Administración.

d) El período de excedencia será único por cada sujeto causante. Cuando un nuevo sujeto causante diera origen a una nueva excedencia, el inicio del período de la misma pondrá fin al que se viniera disfrutando.

6. La funcionaria en excedencia por violencia de género tendrá derecho a percibir las retribuciones íntegras y, en su caso, las prestaciones familiares por hijo a cargo:

a) Durante los dos primeros meses de esta excedencia.

b) Durante los seis primeros meses.

c) Durante un año.

d) Durante todo el tiempo que permanezca en esta situación.

7. La suspensión firme por sanción disciplinaria no podrá exceder de:

a) 2 años.

b) 3 años.

c) 6 años.

d) 10 años.

8. Quienes prestan servicios en su condición de funcionarios públicos cualquiera que sea la Administración u organismo público o entidad en el que se encuentren destinados y no les corresponda quedar en otra situación, es que se hallan en situación de:

a) Excedencia forzosa.

b) Servicio activo.

c) Excedencia voluntaria.

d) Comisión de servicios.

9. Los funcionarios que sean adscritos a los servicios del Tribunal Constitucional o del Defensor del Pueblo serán declarados en situación de:

a) Servicio activo.
b) Excedencia.
c) Servicios especiales.
d) Servicio en otra Administración Pública.

10. Los funcionarios que habiendo accedido a la condición de Diputado de la Asamblea de Extremadura perdieran tal condición por disolución de la Asamblea o terminación del mandato de la misma:

a) Podrán permanecer en la situación de servicios especiales hasta su nueva constitución.
b) Pasarán al servicio activo en su condición de funcionarios.
c) Quedarán en situación de excedencia forzosa hasta su reingreso al servicio activo.
d) Quedarán en la situación de servicios especiales hasta su reingreso al servicio activo.

En MADTEST tienes **más preguntas de este tema**, y todos tus avances quedan registrados y se reflejan en el ranking.

¡Supera tus límites con MADTEST!

Solución al test n.º 8

1. b) Servicios especiales.

2. a) Excedencia por nacimiento o adopción de un hijo.

3. b) Procederá declarar de oficio la excedencia voluntaria por interés particular.

4. c) La concesión de excedencia voluntaria por interés particular quedará subordinada a las necesidades del servicio debidamente motivadas.

5. d) El período de excedencia será único por cada sujeto causante. Cuando un nuevo sujeto causante diera origen a una nueva excedencia, el inicio del período de la misma pondrá fin al que se viniera disfrutando.

6. a) Durante los dos primeros meses de esta excedencia.

7. c) 6 años.

8. b) Servicio activo.

9. c) Servicios especiales.

10. a) Podrán permanecer en la situación de servicios especiales hasta su nueva constitución.

La Función Pública de Extremadura (IV): Promoción Profesional y evaluación del desempeño. Provisión de puestos de trabajo y movilidad

1. El conjunto sistematizado de oportunidades de ascenso, mejora, movilidad y expectativas de progreso profesional conforme a los principios de igualdad, mérito, capacidad y publicidad, se denomina:

a) Evaluación del desempeño.
b) Promoción profesional.
c) Promoción interna.
d) Carrera profesional.

2. Para tener derecho a la promoción interna, los funcionarios de la Junta de Extremadura deberán tener una antigüedad de servicio activo en el inferior subgrupo o grupo de clasificación profesional, de al menos:

a) Dos años.
b) Tres años.
c) Cuatro años.
d) Cinco años.

3. El procedimiento mediante el cual se mide y valora la conducta profesional y el rendimiento o el logro de resultados de los empleados públicos, se denomina:

a) Carrera horizontal.
b) Evaluación del desempeño.
c) Concurso de méritos.
d) Mapa de competencias.

4. Según el artículo 33 del Decreto 43/1996, de 26 de marzo, por el que se regula el Reglamento general de provisión de puestos de trabajo y promoción profesional de los funcionarios de la Comunidad Autónoma de Extremadura, ¿en cuántos niveles se clasifican los puestos de trabajo?

a) 5.
b) 12.

c) 20.
d) 30.

5. Todos los funcionarios de carrera de la Comunidad Autónoma de Extremadura adquirirán un grado personal por el desempeño de uno o más puestos del nivel correspondiente durante:

a) 2 años continuados o 3 con interrupción.
b) 3 años continuados o 4 con interrupción.
c) 3 años continuados o 5 con interrupción.
d) 4 años continuados o 5 con interrupción.

6. El tiempo de servicios prestado en adscripción provisional por los funcionarios de la Comunidad Autónoma de Extremadura removidos en puestos obtenidos por concurso o cesados en puestos de libre designación no se considerará como interrupción a efectos de consolidación del grado personal si su duración es inferior a:

a) 2 meses.
b) 3 meses.
c) 6 meses.
d) 1 año.

7. En el supuesto de acceso desde cuerpos, escalas o especialidades del subgrupo C2 a cuerpos, escalas o especialidades del subgrupo C1, podrán participar en las pruebas selectivas los funcionarios de carrera, sin necesidad de poseer la titulación exigida para el acceso al subgrupo C1, que:

a) Tengan una antigüedad de 10 años en un cuerpo, escala o especialidad del subgrupo C2.
b) Tengan una antigüedad de 3 años y la superación de un curso específico de formación.
c) Tengan una antigüedad de 5 años en un cuerpo, escala o especialidad del subgrupo C2.
d) Superen un curso específico de formación.

8. En la Administración de la Comunidad Autónoma de Extremadura, las pruebas de promoción interna:

a) No podrán llevarse a cabo en convocatorias independientes de las de ingreso por turno libre.
b) Han de llevarse a cabo en convocatorias independientes de las de ingreso por turno libre.
c) Podrán llevarse a cabo junto a las convocatorias de ingreso por turno libre cuando así lo autorice el órgano convocante.
d) Podrán llevarse a cabo en convocatorias independientes de las de ingreso por turno libre cuando así lo autorice el órgano convocante.

9. En cada oferta de empleo público de la Comunidad Autónoma de Extremadura se reservará para procesos de promoción interna un número de plazas no inferior al siguiente porcentaje del total de las vacantes que constituyen dicha oferta:

a) 10%.
b) 20%.
c) 30%.
d) 50%.

10. Es una característica de la carrera profesional horizontal:

a) Es obligatoria.
b) Es reversible.
c) Es colectiva.
d) Es retribuida.

En MADTEST tienes **más preguntas de este tema**, y todos tus avances quedan registrados y se reflejan en el ranking.

¡Supera tus límites con MADTEST!

Solución al test n.º 9

1. d) Carrera profesional.

2. a) Dos años.

3. b) Evaluación del desempeño.

4. d) 30.

5. a) 2 años continuados o 3 con interrupción.

6. c) 6 meses.

7. a) Tengan una antigüedad de 10 años en un cuerpo, escala o especialidad del subgrupo C2.

8. d) Podrán llevarse a cabo en convocatorias independientes de las de ingreso por turno libre cuando así lo autorice el órgano convocante.

9. a) 10%.

10. d) Es retribuida.

La Función Pública de Extremadura (V): Régimen Retributivo. Deberes del personal empleado público, principios de conducta y régimen de incompatibilidades. La formación de los empleados públicos. Régimen disciplinario

1. Las Administraciones Públicas de Extremadura podrán destinar cantidades hasta el porcentaje de la masa salarial que se fije en las correspondientes Leyes de Presupuestos Generales del Estado a financiar aportaciones a planes de pensiones de empleo o contratos de seguro colectivos; estas cantidades tendrán a todos los efectos la consideración de:

a) Retribución básica.
b) Retribución complementaria.
c) Indemnización.
d) Retribución diferida.

2. En relación al complemento variable vinculado a objetivos, es cierto que:

a) Retribuye los servicios excepcionales prestados por los funcionarios públicos fuera de la jornada de trabajo.
b) Su percepción es fija y periódica.
c) Las cuantías así devengadas serán objeto de publicidad y de comunicación a la representación sindical.
d) No podrá asignarse al personal directivo.

3. Según el artículo 57.2.b) de la Ley 13/2015, el complemento de carrera profesional retribuirá la progresión alcanzada por el funcionario dentro del sistema de:

a) Carrera horizontal.
b) Promoción interna vertical.
c) Promoción interna horizontal.
d) Carrera vertical.

4. Según el artículo 57 de la Ley 13/2015, el complemento de puesto de trabajo consta de:

a) Un componente profesional y un componente personal.
b) Un componente fijo y un componente variable.
c) Un componente ordinario y un componente extraordinario.
d) Un componente general y un componente específico.

5. ¿Cuál de las siguientes retribuciones complementarias corresponde al nivel del puesto que desempeñe el funcionario?

a) Complemento específico.
b) Complemento de destino.
c) Complemento de productividad.
d) Gratificación por servicios extraordinarios.

6. Para los empleados públicos, conforme al Decreto 42/2025, toda comisión con derecho a indemnización, salvo casos excepcionales, no durará más de:

a) Quince días en territorio nacional y de un mes en el extranjero.
b) Un mes en territorio nacional y de tres meses en el extranjero.
c) Tres meses en territorio nacional y de seis meses en el extranjero.
d) Seis meses en territorio nacional y de un año en el extranjero.

7. Las pagas extraordinarias se devengarán:

a) El primer día hábil de los meses de junio y diciembre y con referencia a la situación y derecho del funcionario en dichas fechas.
b) El primer día hábil de los meses de julio y enero y con referencia a la situación y derecho del funcionario en dichas fechas.
c) El primer día hábil de los meses de junio y diciembre y con referencia a la situación y derecho del funcionario a 30 de junio y 31 de diciembre, respectivamente.
d) El primer día hábil de los meses de julio y enero y con referencia a la situación y derecho del funcionario a 30 de junio y 31 de diciembre, respectivamente.

8. En relación con las gratificaciones por servicios extraordinarios, es cierto que:

a) Pueden ser fijas en su cuantía.
b) Excepcionalmente, podrán originar derechos individuales en períodos sucesivos.
c) Podrán ser periódicas en su devengo.
d) Solamente podrán ser reconocidas por servicios extraordinarios prestados fuera de la jornada normal de trabajo.

9. Salvo que se prorrogue por el tiempo estrictamente indispensable por la autoridad que haya designado la comisión, la duración de la residencia eventual no podrá exceder de:

a) 6 meses.
b) 1 año.
c) 18 meses.
d) 2 años.

10. Los empleados públicos:

a) Podrán voluntariamente acatar la Constitución y el resto de normas que integran el ordenamiento jurídico.
b) Podrán abstenerse en aquellos asuntos en los que tengan un interés personal.
c) Su actuación perseguirá la satisfacción de los intereses del Gobierno.
d) Guardarán secreto de las materias clasificadas.

En MADTEST tienes **más preguntas de este tema**, y todos tus avances quedan registrados y se reflejan en el ranking.

¡Supera tus límites con MADTEST!

Solución al test n.º 10

1. d) Retribución diferida.

2. c) Las cuantías así devengadas serán objeto de publicidad y de comunicación a la representación sindical.

3. a) Carrera horizontal.

4. d) Un componente general y un componente específico.

5. b) Complemento de destino.

6. b) Un mes en territorio nacional y de tres meses en el extranjero.

7. a) El primer día hábil de los meses de junio y diciembre y con referencia a la situación y derecho del funcionario en dichas fechas.

8. d) Solamente podrán ser reconocidas por servicios extraordinarios prestados fuera de la jornada normal de trabajo.

9. b) 1 año.

10. d) Guardarán secreto de las materias clasificadas.

El Personal Laboral al servicio de la Junta de Extremadura: Convenio Colectivo para el personal laboral (I): Ámbito de aplicación y vigencia. Denuncia. Organización del trabajo. Comisión paritaria. Clasificación profesional. Retribuciones. Puestos y funciones de libre designación

1. Según el V Convenio Colectivo, el personal laboral contratado con cargo al Capítulo VI de los Presupuestos Generales de la Comunidad Autónoma está incluido en el Convenio en materias como:

a) Selección, retribuciones, jornadas y movilidad geográfica.
b) Selección, retribuciones, dietas, jornadas y régimen disciplinario.
c) Retribuciones, traslados voluntarios y clasificación profesional.
d) Selección, negociación colectiva y permisos sindicales.

2. El V Convenio Colectivo se negocia conforme a lo dispuesto en el artículo 87 del Estatuto de los Trabajadores, lo cual implica que:

a) Las organizaciones sindicales firmantes están legitimadas para negociar convenios de ámbito superior a la empresa.
b) Solo puede negociarse mediante representación unitaria de los trabajadores.
c) El convenio únicamente puede negociarse por sindicatos mayoritarios a nivel estatal.
d) La Junta carece de legitimidad para negociar convenios sectoriales.

3. ¿Qué característica define el ámbito personal del Convenio Colectivo?

a) Se aplica únicamente a funcionarios con relación administrativa.
b) Se aplica al personal estatutario del SES.
c) Se aplica al personal laboral que presta servicios en la Junta, sus organismos autónomos y entidades dependientes.
d) Se aplica exclusivamente al personal laboral fijo.

4. La inclusión del personal laboral procedente de transferencias exige, según el Convenio:

a) Aprobación previa del Consejo de Gobierno.
b) Firma expresa del trabajador afectado.
c) Acuerdo de integración en el Convenio.
d) Resolución administrativa individualizada.

5. Las obligaciones derivadas del Convenio afectan durante su vigencia a:

a) Solo a los trabajadores y no a la Administración.
b) A la Administración, pero no a las organizaciones sindicales.
c) Únicamente a los trabajadores indefinidos.
d) A la Junta de Extremadura, al personal incluido y a las organizaciones sindicales firmantes.

6. ¿Qué ocurre cuando el Convenio es denunciado en plazo?

a) Se extingue automáticamente.
b) Se negocia uno nuevo sin necesidad de mantener el contenido previo.
c) Su contenido normativo se mantiene vigente hasta la aprobación del siguiente.
d) Su contenido queda suspendido hasta la firma de un nuevo texto.

7. Una característica esencial de la Comisión Paritaria es que:

a) Tiene capacidad para modificar unilateralmente el Convenio.
b) Puede imponer sanciones disciplinarias.
c) Interpreta y aplica el Convenio, resolviendo discrepancias entre las partes.
d) Sus acuerdos no tienen efectos vinculantes.

8. La organización del trabajo, según el Convenio, corresponde a:

a) La Administración, sin perjuicio del respeto a los derechos del personal laboral.
b) Los representantes sindicales.
c) La Comisión Paritaria.
d) La Dirección General de Función Pública exclusivamente.

9. ¿Qué principio se recoge en el Convenio respecto a la organización del trabajo?

a) Prioridad de la antigüedad sobre la cualificación.
b) Rotación obligatoria de puestos.
c) Imposición automática de funciones superiores.
d) Eficacia y racionalización de los servicios, garantizando los derechos laborales.

10. La clasificación profesional del personal laboral se basa en:

a) Grupos laborales y categorías estatutarias.
b) Grupos profesionales y categorías funcionales recogidas en el Convenio.
c) Exclusivamente en el nivel de estudios.
d) Exclusivamente en la experiencia profesional.

En MADTEST tienes **más preguntas de este tema**, y todos tus avances quedan registrados y se reflejan en el ranking.

¡Supera tus límites con MADTEST!

Solución al test n.º 11

1. b) Selección, retribuciones, dietas, jornadas y régimen disciplinario.

2. a) Las organizaciones sindicales firmantes están legitimadas para negociar convenios de ámbito superior a la empresa.

3. c) Se aplica al personal laboral que presta servicios en la Junta, sus organismos autónomos y entidades dependientes.

4. c) Acuerdo de integración en el Convenio.

5. d) A la Junta de Extremadura, al personal incluido y a las organizaciones sindicales firmantes.

6. c) Su contenido normativo se mantiene vigente hasta la aprobación del siguiente.

7. c) Interpreta y aplica el Convenio, resolviendo discrepancias entre las partes.

8. a) La Administración, sin perjuicio del respeto a los derechos del personal laboral.

9. d) Eficacia y racionalización de los servicios, garantizando los derechos laborales.

10. b) Grupos profesionales y categorías funcionales recogidas en el Convenio.

El Personal Laboral al servicio de la Junta de Extremadura: Convenio Colectivo para el personal laboral (II): Movilidad geográfica. Supresión de puestos de trabajo de personal fijo discontinuo y zonificación de puestos en diversas categorías. Cambio de puestos de trabajo. Permutas. Provisión de puestos de trabajo. Movilidad del personal laboral entre Administraciones Públicas. Movilidad funcional. Jornada y horario

1. En caso de movilidad geográfica por necesidades del servicio, el Convenio exige que la Administración justifique la medida atendiendo a criterios de:

a) Económicos exclusivamente.
b) Racionalidad organizativa y proporcionalidad respecto al trabajador afectado.
c) Mayor antigüedad del trabajador.
d) Preferencia por redistribuir personal con menor categoría.

2. Cuando la movilidad geográfica implica cambio de residencia, el Convenio establece que la Administración debe acreditar previamente:

a) La inexistencia de medios telemáticos para el puesto.
b) La renuncia expresa del trabajador a la indemnización.
c) Que el traslado está previsto en la RPT.
d) Que no existe alternativa organizativa menos gravosa y que la medida es imprescindible.

3. La supresión de puestos de trabajo del personal fijo discontinuo se justifica legalmente cuando:

a) La campaña anual se reduzca en más de un 20 %.
b) Se apruebe mediante negociación en la Mesa General.
c) Se modifique la planificación anual del servicio de forma estructural y permanente.
d) El trabajador lleve menos de tres campañas consecutivas.

4. En el proceso de supresión de puestos de personal fijo discontinuo, el Convenio reconoce como prioridad:

a) La indemnización automática.

b) La recolocación preferente del personal afectado en puestos equivalentes dentro de la misma zona.

c) La creación obligatoria de nuevos puestos.

d) El concurso de traslados obligatorio.

5. La zonificación de puestos en determinadas categorías tiene como finalidad principal:

a) Facilitar la libre elección de destino por los trabajadores.

b) Establecer complementos salariales diferenciados por territorio.

c) Determinar áreas homogéneas para la gestión del personal sujeto a variabilidad estacional.

d) Favorecer la movilidad forzosa sin justificación.

6. La zonificación implica que los trabajadores adscritos a una zona:

a) Solo podrán trabajar en el municipio de origen.

b) Pierden derechos retributivos si se desplazan dentro de la zona.

c) Aceptan que la prestación del servicio pueda desarrollarse en cualquier centro incluido en la misma.

d) Deben firmar un nuevo contrato cada vez que cambian de centro.

7. En los cambios de puesto de trabajo por necesidades del servicio, la medida debe respetar:

a) La categoría del trabajador únicamente.

b) El criterio de disponibilidad horaria absoluta.

c) La equivalencia funcional del puesto y la integridad de las condiciones esenciales del contrato.

d) La solicitud previa del trabajador.

8. El cambio de puesto por razones organizativas no puede aplicarse cuando:

a) El trabajador solicita permanecer en su centro.

b) Existe oposición motivada de la representación sindical.

c) Suponga pérdida de categoría o modificación sustancial no justificada.

d) Afecte a un centro de otra provincia.

9. Una permuta entre dos trabajadores solo puede autorizarse si:

a) Ambos tienen idéntica antigüedad.

b) Sus jefaturas lo solicitan.

c) Se cumplen requisitos de categoría, jornada, funciones y ausencia de perjuicio para el servicio.

d) Proceden del mismo municipio.

10. La permuta está prohibida cuando:

a) Los trabajadores realizan funciones análogas.

b) La distancia entre centros es inferior a 15 km.

c) Los representantes sindicales la avalan.

d) Existen sanciones firmes o procesos disciplinarios en curso sobre cualquiera de los interesados.

En MADTEST tienes **más preguntas de este tema**, y todos tus avances quedan registrados y se reflejan en el ranking.

¡Supera tus límites con MADTEST!

Solución al test n.º 12

1. b) Racionalidad organizativa y proporcionalidad respecto al trabajador afectado.

2. d) Que no existe alternativa organizativa menos gravosa y que la medida es imprescindible.

3. c) Se modifique la planificación anual del servicio de forma estructural y permanente.

4. b) La recolocación preferente del personal afectado en puestos equivalentes dentro de la misma zona.

5. c) Determinar áreas homogéneas para la gestión del personal sujeto a variabilidad estacional.

6. c) Aceptan que la prestación del servicio pueda desarrollarse en cualquier centro incluido en la misma.

7. c) La equivalencia funcional del puesto y la integridad de las condiciones esenciales del contrato.

8. c) Suponga pérdida de categoría o modificación sustancial no justificada.

9. c) Se cumplen requisitos de categoría, jornada, funciones y ausencia de perjuicio para el servicio.

10. d) Existen sanciones firmes o procesos disciplinarios en curso sobre cualquiera de los interesados.

**El Personal Laboral al servicio de la Junta de Extremadura:
Convenio Colectivo para el personal laboral (III):
Horas Extraordinarias. Vacaciones. Permisos y licencias. Medidas
complementarias de conciliación de la vida familiar y laboral.
Permisos sin sueldo. Suspensión del contrato. Excedencia.
Reingreso. Jubilación. Indemnización por incapacidad
o fallecimiento. Régimen disciplinario**

1. El cómputo del plazo para disfrutar las vacaciones anuales retribuidas queda interrumpido cuando el trabajador entra en situación de incapacidad temporal, siempre que:

a) La baja se produzca dentro de los diez primeros días naturales desde el inicio programado de las vacaciones.
b) La baja esté relacionada con accidente laboral exclusivamente.
c) Coincida con el período inicialmente fijado de disfrute, debiendo permitir la Administración su disfrute en fecha distinta.
d) La incapacidad se declare con posterioridad al fin del período vacacional anual.

2. La redistribución obligatoria de vacaciones por necesidades del servicio requiere que la Administración:

a) Obtenga autorización de la Comisión Paritaria.
b) Trate de forma idéntica a todo el personal del mismo centro.
c) Motive la medida y respete, en todo caso, el número mínimo de días continuados establecidos.
d) Garantice que el trabajador no había solicitado vacaciones previamente.

3. En el caso de que el trabajador solicite vacaciones fuera del período ordinario por razones extraordinarias, la Administración podrá concederlas:

a) Únicamente si existe propuesta favorable de todo el servicio.
b) Solo cuando el trabajador tenga más de cinco años de antigüedad.

c) Si la causa está suficientemente acreditada y el disfrute no compromete la prestación del servicio.

d) En ningún caso, pues el convenio no prevé esta posibilidad.

4. El permiso por fallecimiento de un familiar de segundo grado genera el derecho a:

a) Dos días naturales, ampliables a cinco si el fallecimiento es en localidad distinta.
b) Dos días hábiles, ampliables en dos más si requiere desplazamiento.
c) Tres días naturales sin posibilidad de ampliación.
d) Cinco días naturales únicamente si el familiar convivía con el trabajador.

5. Cuando el trabajador solicita un permiso para asistir a consulta médica de un familiar dependiente, la Administración puede exigir:

a) El certificado de convivencia.
b) La firma conjunta del médico y del trabajador.
c) Justificación documental de la necesidad de acompañamiento.
d) La presentación de informe médico completo del familiar.

6. El permiso por matrimonio o registro de pareja de hecho tiene por finalidad jurídica:

a) Conceder al trabajador un período de adaptación al entorno familiar.
b) Facilitar el descanso previo y posterior al enlace.
c) Garantizar la conciliación familiar en un período de especial relevancia personal.
d) Homologar la situación del trabajador con la de los permisos por nacimiento.

7. El disfrute del permiso por nacimiento o adopción puede suspenderse y reanudarse cuando:

a) El trabajador decide retomarlo tras un acuerdo informal con su jefatura.
b) El menor es ingresado en un centro sanitario y la familia así lo solicita sin justificación adicional.
c) Exista hospitalización del menor y el trabajador opte por fraccionar el disfrute en períodos distintos.
d) Se produzca una situación de teletrabajo parcial.

8. La reducción de jornada por guarda legal implica una consecuencia jurídica esencial:

a) La pérdida automática del complemento específico.
b) La obligación de recuperar el tiempo reducido cuando cese la causa.
c) Una reducción proporcional de las retribuciones vinculadas a la jornada.
d) La imposibilidad de acceder a formación durante la reducción.

9. El trabajador con reducción de jornada por guarda legal puede ser obligado a realizar turnos rotatorios cuando:

a) El centro tenga falta temporal de personal.
b) El comité de empresa lo autorice.
c) La rotación no afecte al horario reducido ni implique aumento efectivo de la jornada.
d) El trabajador preste servicios en horario nocturno.

10. La excedencia por cuidado de familiares reconoce un periodo máximo durante el cual el trabajador mantiene el derecho a reserva del puesto:

a) Un año, prorrogable a dos sin reserva.
b) Dos años, pudiendo ampliarse por negociación colectiva en casos excepcionales.
c) Tres años en todos los supuestos.
d) No existe límite temporal.

En MADTEST tienes **más preguntas de este tema**, y todos tus avances quedan registrados y se reflejan en el ranking.

¡Supera tus límites con MADTEST!

Solución al test n.º 13

1. c) Coincida con el período inicialmente fijado de disfrute, debiendo permitir la Administración su disfrute en fecha distinta.

2. c) Motive la medida y respete, en todo caso, el número mínimo de días continuados establecidos.

3. c) Si la causa está suficientemente acreditada y el disfrute no compromete la prestación del servicio.

4. b) Dos días hábiles, ampliables en dos más si requiere desplazamiento.

5. c) Justificación documental de la necesidad de acompañamiento.

6. c) Garantizar la conciliación familiar en un período de especial relevancia personal.

7. c) Exista hospitalización del menor y el trabajador opte por fraccionar el disfrute en períodos distintos.

8. c) Una reducción proporcional de las retribuciones vinculadas a la jornada.

9. c) La rotación no afecte al horario reducido ni implique aumento efectivo de la jornada.

10. b) Dos años, pudiendo ampliarse por negociación colectiva en casos excepcionales.

TEST N.º 14

Régimen Jurídico del Sector Público (I): Disposiciones generales. Los órganos de las Administraciones Públicas. Los Convenios. Las relaciones interadministrativas

1. De conformidad con el artículo 8 de la Ley 40/2015, de 1 de octubre, de Régimen Jurídico del Sector Público, la competencia para el dictado de actos administrativos:

a) Es irrenunciable y siempre se ejercerá por los órganos administrativos que la tengan atribuida como propia.

b) Se puede delegar en todo caso.

c) Es irrenunciable y se ejercerá por los órganos administrativos que la tengan atribuida como propia, salvo los casos de delegación o avocación, en los términos previstos en la ley.

d) Es irrenunciable y se ejercerá por los órganos administrativos que la tengan atribuida como propia, salvo los casos de delegación de firma o suplencia, en los términos previstos en la ley.

2. En ningún caso podrán ser objeto de delegación, tal y como dispone la Ley 40/2015, de 1 de octubre, competencias relativas a:

a) La resolución de los recursos de alzada.

b) La adopción de disposiciones de carácter general.

c) Las resoluciones en materia de personal.

d) Las resoluciones de responsabilidad patrimonial.

3. Según dispone el artículo 23 de la Ley 40/2015, de 1 de octubre, de Régimen Jurídico del Sector Público, es motivo de abstención:

a) Tener interés personal en el asunto de que se trate o en otro en cuya resolución pudiera influir la de aquel, ser administrador de sociedad o entidad interesada, o tener cuestión litigiosa pendiente con algún interesado.

b) Tener parentesco de consanguinidad dentro del cuarto grado o de afinidad dentro del tercero, con cualquiera de los interesados, con los administradores de entidades o sociedades interesadas o con sus asesores o representantes legales.

c) Haber prestado servicios profesionales de cualquier tipo y en cualquier circunstancia o lugar en los cinco últimos años a persona natural interesada directamente en el asunto.

d) Haber prestado servicios profesionales de cualquier tipo y en cualquier circunstancia o lugar en los cinco últimos años a persona jurídica interesada directamente en el asunto.

4. La recusación de acuerdo con el artículo 24 de la Ley 40/2015, de 1 de octubre, de Régimen Jurídico del Sector Público, la promueve:

a) La autoridad.
b) El superior jerárquico de la autoridad o funcionario.
c) El interesado.
d) El funcionario.

5. Según dispone el artículo 23 de la Ley 40/2015, de 1 de octubre, de Régimen Jurídico del Sector Público, NO es un motivo de abstención:

a) Haber tenido intervención como perito en el procedimiento de que se trate.
b) Tener parentesco de afinidad dentro del segundo grado, con cualquiera de los interesados, con los administradores de entidades o sociedades interesadas y también con los asesores, representantes legales o mandatarios que intervengan en el procedimiento.
c) Tener parentesco de afinidad dentro del cuarto grado, con cualquiera de los interesados, con los administradores de entidades o sociedades interesadas y también con los asesores, representantes legales o mandatarios que intervengan en el procedimiento.
d) Haber tenido intervención como testigo en el procedimiento de que se trate.

6. Según el artículo 9 de la Ley 40/2015, de 1 de octubre, de Régimen Jurídico del Sector Público, la delegación de competencias:

a) Será revocable en cualquier momento por el órgano que la haya conferido.
b) Es irrevocable.
c) Será revocable solo por el Consejo de Gobierno.
d) Será revocable solo por el Consejo de Ministros.

7. De acuerdo con el artículo 3 de la Ley 40/2015, de 1 de octubre, de Régimen Jurídico del Sector Público, ¿cuáles son los principios de actuación de las Administraciones Públicas?

a) Jerarquía, cooperación, descentralización, desconcentración y colaboración.
b) Eficacia, desconcentración, jerarquía, descentralización y cooperación.
c) Coordinación, descentralización, jerarquía, eficacia y desconcentración.
d) Cooperación, jerarquía, descentralización, eficiencia y servicio a los ciudadanos.

8. ¿Qué principios deberán respetar en su actuación las Administraciones Públicas, conforme al artículo 3 de la Ley 40/2015, de 1 de octubre, de Régimen Jurídico del Sector Público?

a) Los de buena fe y confianza legítima.
b) Los de eficiencia y servicio a los ciudadanos.
c) Participación, objetividad y transparencia de la actuación administrativa.
d) Los de transparencia y participación.

9. ¿Qué principios deberán respetar en sus relaciones las Administraciones Públicas?

a) Buena fe, confianza legítima y lealtad institucional.
b) Los de eficiencia y servicio a los ciudadanos.
c) Los de transparencia y participación.
d) Los de cooperación y colaboración.

10. Las Administraciones Públicas se relacionarán entre sí y con sus órganos, organismos públicos y entidades vinculados o dependientes, conforme al artículo 3.2 de la Ley 40/2015, de 1 de octubre, de Régimen Jurídico del Sector Público:

a) A través de medios electrónicos.
b) A través de medios electrónicos, que aseguren la interoperabilidad y seguridad de los sistemas y soluciones adoptadas por cada una de ellas garantizando la protección de los datos de carácter personal, y facilitando preferentemente la prestación conjunta de servicios a los interesados.
c) Directamente y sin dilación garantizando la protección de los datos de carácter personal, y facilitarán preferentemente la prestación conjunta de servicios a los interesados.
d) Preferentemente a través de medios electrónicos, que aseguren la prestación conjunta de servicios a los interesados.

En MADTEST tienes **más preguntas de este tema**, y todos tus avances quedan registrados y se reflejan en el ranking.

¡Supera tus límites con MADTEST!

Solución al test n.º 14

1. c) Es irrenunciable y se ejercerá por los órganos administrativos que la tengan atribuida como propia, salvo los casos de delegación o avocación, en los términos previstos en la ley.

2. b) La adopción de disposiciones de carácter general.

3. a) Tener interés personal en el asunto de que se trate o en otro en cuya resolución pudiera influir la de aquel, ser administrador de sociedad o entidad interesada, o tener cuestión litigiosa pendiente con algún interesado.

4. c) El interesado.

5. c) Tener parentesco de afinidad dentro del cuarto grado, con cualquiera de los interesados, con los administradores de entidades o sociedades interesadas y también con los asesores, representantes legales o mandatarios que intervengan en el procedimiento.

6. a) Será revocable en cualquier momento por el órgano que la haya conferido.

7. c) Coordinación, descentralización, jerarquía, eficacia y desconcentración.

8. c) Participación, objetividad y transparencia de la actuación administrativa.

9. a) Buena fe, confianza legítima y lealtad institucional.

10. b) A través de medios electrónicos, que aseguren la interoperabilidad y seguridad de los sistemas y soluciones adoptadas por cada una de ellas, garantizando la protección de los datos de carácter personal, y facilitando preferentemente la prestación conjunta de servicios a los interesados.

TEST N.º 15

Régimen Jurídico del Sector Público (II): Los principios de la potestad sancionadora y la responsabilidad patrimonial de las Administraciones Públicas. Reglamento sobre procedimientos sancionadores seguidos por la Comunidad Autónoma de Extremadura

1. Según el principio de legalidad en materia sancionadora, la atribución de potestad sancionadora a un órgano administrativo debe provenir estrictamente de:

a) Una disposición reglamentaria general.
b) Una norma con rango de Ley o reglamento ejecutivo.
c) Una norma con rango de Ley que atribuya expresamente dicha potestad.
d) Cualquier disposición publicada en el diario oficial correspondiente.

2. En materia de irretroactividad, una norma sancionadora posterior solo podrá aplicarse retroactivamente cuando:

a) Sea más favorable para el presunto infractor.
b) Exista habilitación reglamentaria expresa.
c) Se haya iniciado ya el expediente sancionador.
d) Lo determine la Administración por razones de interés general.

3. El principio de tipicidad impide que la Administración:

a) Aplique criterios analógicos para precisar sanciones.
b) Cree infracciones o sanciones no previstas expresamente en una Ley.
c) Regule especificaciones de sanciones mediante reglamentos.
d) Gradúe una sanción conforme a criterios reglamentarios.

4. La responsabilidad administrativa por daño requiere necesariamente:

a) Lesión efectiva, económicamente evaluable e individualizada.
b) Que exista algún tipo de culpa leve por parte del funcionario.
c) Que el acto administrativo sea declarado nulo de pleno derecho.
d) Que exista una infracción sancionadora previa.

5. El daño indemnizable debe ser antijurídico, lo cual implica:

a) Que derive de un acto contrario al ordenamiento.
b) Que el perjudicado no tenga el deber jurídico de soportarlo.
c) Que la actuación administrativa sea anormal o irregular.
d) Que exista sentencia previa declarativa del daño.

6. La responsabilidad patrimonial por actos legislativos solo podrá declararse cuando:

a) El Tribunal Constitucional anule la ley por motivos competenciales.
b) La Ley así lo establezca expresamente o concurran los supuestos del art. 32.4 y 32.5 LRJSP.
c) El Gobierno así lo determine mediante Real Decreto.
d) Lo solicite un número suficiente de afectados.

7. Para reclamar responsabilidad por una norma declarada contraria al Derecho de la Unión Europea, se requiere:

a) Que la norma nunca haya sido aplicada al perjudicado.
b) Que el interesado haya invocado previamente la infracción del Derecho de la UE.
c) Que existan más de cien afectados.
d) Que el Tribunal de Justicia de la UE declare expresamente la procedencia de indemnizar.

8. El principio de proporcionalidad exige que la sanción administrativa:

a) Sea siempre la mínima prevista legalmente.
b) Sea adecuada, necesaria y proporcionada a la gravedad del hecho.
c) Sea determinada exclusivamente por el grado de culpabilidad.
d) No tome en consideración la reincidencia.

9. Las infracciones administrativas no podrán prescribir si:

a) El responsable no ha sido identificado aún.
b) El expediente se paraliza menos de un mes por causas ajenas a la Administración.
c) No se inicia procedimiento sancionador dentro de los plazos legalmente establecidos.
d) El órgano instructor solicita prórroga motivada.

10. El principio de non bis in ídem impide sancionar doblemente cuando concurre:

a) Igual infracción pero distinta persona.
b) Identidad de sujeto, hecho y fundamento.
c) Mismo hecho pero sanciones de distinta naturaleza.
d) Identidad parcial de fundamentos jurídicos.

En MADTEST tienes **más preguntas de este tema**, y todos tus avances quedan registrados y se reflejan en el ranking.

¡Supera tus límites con MADTEST!

Solución al test n.º 15

1. c) Una norma con rango de Ley que atribuya expresamente dicha potestad.

2. a) Sea más favorable para el presunto infractor.

3. b) Cree infracciones o sanciones no previstas expresamente en una Ley.

4. a) Lesión efectiva, económicamente evaluable e individualizada.

5. b) Que el perjudicado no tenga el deber jurídico de soportarlo.

6. b) La Ley así lo establezca expresamente o concurran los supuestos del art. 32.4 y 32.5 LRJSP.

7. b) Que el interesado haya invocado previamente la infracción del Derecho de la UE.

8. b) Sea adecuada, necesaria y proporcionada a la gravedad del hecho.

9. c) No se inicia procedimiento sancionador dentro de los plazos legalmente establecidos.

10. b) Identidad de sujeto, hecho y fundamento.

TEST N.º 16

El Procedimiento Administrativo Común de las Administraciones Públicas (I): Disposiciones Generales. Los interesados en el procedimiento

1. Uno de los objetos que regula la Ley 39/2015, de 1 de octubre, es el procedimiento administrativo común a todas las Administraciones Públicas. ¿Cuál es la justificación jurídica de esta reserva material?

a) El Preámbulo de la Ley 30/1992, de 26 de noviembre, de Régimen Jurídico de las Administraciones Públicas y del Procedimiento Administrativo Común.
b) La Ley de Régimen Jurídico de la Administración del Estado, de 26 de julio de 1957.
c) El artículo 149.1.18 de la Constitución española de 1978.
d) La Ley de Procedimiento Administrativo de 17 de julio de 1958.

2. La Ley 39/2015, de 1 de octubre, tiene por objeto regular los requisitos de validez y eficacia de los actos administrativos. ¿A qué se refiere el concepto de validez de un acto administrativo?

a) La validez de un acto administrativo se refiere a la capacidad de este para generar efectos ante terceros.
b) La validez de un acto administrativo se refiere a que la notificación del mismo se haya practicado de forma satisfactoria.
c) La validez de un acto administrativo se refiere a que el acto administrativo se haya publicado si forma parte de un procedimiento selectivo o de concurrencia competitiva de cualquier tipo.
d) La validez de un acto administrativo se refiere a la adecuación a derecho de todos sus elementos.

3. El procedimiento administrativo común a todas las Administraciones Públicas, que es objeto de regulación por la Ley 39/2015, de 1 de octubre, ¿incluye el de reclamación de responsabilidad de las Administraciones Públicas?

a) No, el procedimiento de reclamación de responsabilidad de las Administraciones Públicas se regula en el Real decreto 1398/1993, de 4 de agosto, por el que se aprueba el Reglamento de los procedimientos de las Administraciones Públicas en materia de responsabilidad patrimonial.

b) Sí, el procedimiento de reclamación de responsabilidad de las Administraciones Públicas se incluye en el procedimiento administrativo común aunque la Ley 39/2015, de 1 de octubre, deriva su regulación al Real decreto 429/1993, de 26 de marzo, por el que se aprueba el Reglamento de los procedimientos de las Administraciones Públicas en materia de responsabilidad patrimonial.

c) No, solo incluye el procedimiento sancionador.

d) Sí.

4. La Ley 39/2015, de 1 de octubre, tiene por objeto regular los principios a los que se ha de ajustar el ejercicio de la iniciativa legislativa y la potestad reglamentaria. Entre estos principios NO se encuentra/n:

a) El principio de simplificación administrativa.

b) Los principios de necesidad y eficacia.

c) El principio de proporcionalidad.

d) Los principios de seguridad jurídica, transparencia y eficiencia.

5. ¿Pueden incluirse trámites adicionales o distintos de los contemplados en la Ley 39/2015, de 1 de octubre?

a) Sí, mediante disposición administrativa y de manera motivada.

b) Sí, cuando resulte eficaz, proporcionado y necesario para la consecución de los fines propios del procedimiento.

c) Solo mediante ley cuando resulte eficaz, proporcionado y necesario para la consecución de los fines propios del procedimiento, y con sucinta referencia de hechos y fundamentos de derecho.

d) No, en ningún caso.

6. La Ley 39/2015, de 1 de octubre, ¿es aplicable a la Representación Permanente de España ante la Unión Europea?

a) No, en tanto esta se regula por la Ley 2/2014, de 25 de marzo, de la Acción y del Servicio Exterior del Estado.

b) No, en tanto la Representación Permanente de España ante la Unión Europea no forma parte del sector público.

c) Sí, porque forma parte de la Administración General del Estado en el exterior.

d) No, le es aplicable el Reglamento interno del Consejo Europeo.

7. La Ley 39/2015, de 1 de octubre, ¿es aplicable a la Agencia de defensa del territorio de Mallorca?

a) No, en tanto la Agencia de defensa del territorio de Mallorca no es una entidad integrante en la Administración Local.

b) Sí, en tanto la Agencia de defensa del territorio de Mallorca es un organismo autónomo del Consell de Mallorca.

c) No, en tanto la Agencia de defensa del territorio de Mallorca no forma parte del sector público.

d) Sí, con las particularidades previstas por la Ley 28/2006, de 18 de julio, de Agencias estatales para la mejora de los servicios públicos.

8. La Universidad Nacional de Educación a Distancia:

a) Se rige por la Ley 39/2015, de 1 de octubre, del Procedimiento Administrativo Común de las Administraciones Públicas y, supletoriamente por la Ley orgánica 2/2023, de 22 de marzo, del Sistema Universitario.

b) Se rige por el Decreto 2310/1972, de 18 de agosto, por el que se crea la Universidad Nacional de Educación a Distancia y, supletoriamente por la Ley orgánica 2/2023, de 22 de marzo, del Sistema Universitario.

c) Se rige supletoriamente por la Ley 39/2015, de 1 de octubre, del procedimiento administrativo común de las Administraciones Públicas.

d) Se rige por el Real Decreto 1239/2011, de 8 de septiembre, por el que se aprueban los Estatutos de la Universidad Nacional de Educación a Distancia y supletoriamente por el Decreto 2310/1972, de 18 de agosto, por el que se crea la Universidad Nacional de Educación a Distancia.

9. El art. 2.2.b) de la Ley 39/2015, de 1 de octubre, establece que el sector público institucional se integra por las entidades de Derecho Privado vinculadas o dependientes de las Administraciones Públicas, que quedarán sujetas a lo dispuesto en las normas de esta ley que específicamente se refieran a las mismas, y en todo caso, cuando ejerzan potestades administrativas. ¿Cuál de las siguientes disposiciones de la Ley se refiere específicamente a estas entidades?

a) En los Organismos públicos y entidades de Derecho Público vinculados o dependientes de la Administración General del Estado, ponen fin a la vía administrativa los actos y resoluciones emanados de los máximos órganos de dirección unipersonales o colegiados, de acuerdo con lo que establezcan sus estatutos, salvo que por ley se establezca otra cosa.

b) En el ámbito estatal ponen fin a la vía administrativa los actos y resoluciones emanados de los Ministros y los Secretarios de Estado en el ejercicio de las competencias que tienen atribuidas los órganos de los que son titulares.

c) En los Organismos públicos y entidades de Derecho Público vinculados o dependientes de la Administración General del Estado, serán competentes para la revisión de oficio de las disposiciones y los actos administrativos nulos y anulables, los órganos a los que estén adscritos los Organismos públicos y entidades de Derecho Público, respecto de los actos y disposiciones dictados por el máximo órgano rector de estos.

d) Los procedimientos de naturaleza sancionadora se iniciarán siempre de oficio por acuerdo del órgano competente y establecerán la debida separación entre la fase instructora y la sancionadora, que se encomendará a órganos distintos. Se considerará que un órgano es competente para iniciar el procedimiento cuando así lo determinen las normas reguladoras del mismo.

10. ¿Cuál de las siguientes NO tiene la consideración de Administración Pública?

a) La Junta de Castilla y León.
b) La Universidad Autónoma de Barcelona.
c) El Cabildo de Tenerife.
d) El Instituto de la Cinematografía y de las Artes Audiovisuales.

En MADTEST tienes **más preguntas de este tema**, y todos tus
avances quedan registrados y se reflejan en el ranking.

¡Supera tus límites con MADTEST!

Solución al test n.º 16

1. c) El artículo 149.1.18 de la Constitución española de 1978.

2. d) La validez de un acto administrativo se refiere a la adecuación a derecho de todos sus elementos.

3. d) Sí.

4. a) El principio de simplificación administrativa.

5. c) Solo mediante ley cuando resulte eficaz, proporcionado y necesario para la consecución de los fines propios del procedimiento, y con sucinta referencia de hechos y fundamentos de derecho.

6. c) Sí, porque forma parte de la Administración General del Estado en el exterior.

7. b) Sí, en tanto la Agencia de defensa del territorio de Mallorca es un organismo autónomo del Consell de Mallorca.

8. c) Se rige supletoriamente por la Ley 39/2015, de 1 de octubre, del procedimiento administrativo común de las Administraciones Públicas.

9. d) Los procedimientos de naturaleza sancionadora se iniciarán siempre de oficio por acuerdo del órgano competente y establecerán la debida separación entre la fase instructora y la sancionadora, que se encomendará a órganos distintos. Se considerará que un órgano es competente para iniciar el procedimiento cuando así lo determinen las normas reguladoras del mismo.

10. b) La Universidad Autónoma de Barcelona.

El Procedimiento Administrativo Común de las Administraciones Públicas (II): La actividad de las Administraciones Públicas. Los actos administrativos

1. De acuerdo con el artículo 13 de la Ley 39/2015, de 1 de octubre, de Procedimiento Administrativo Común de las Administraciones Públicas, las personas que tienen capacidad de obrar conforme al artículo 3 de la Ley 39/2015, de 1 de octubre, de Procedimiento Administrativo Común de las Administraciones Públicas, en sus relaciones con las Administraciones Públicas, tienen los siguientes derechos:

a) A obtener información y confección de los documentos jurídicos o técnicos que las disposiciones vigentes impongan a los proyectos, actuaciones o solicitudes que se propongan realizar.

b) Al acceso a los registros y archivos de las Administraciones Públicas en los términos previstos en la Constitución y en la Ley 30/1992, de 26 de noviembre.

c) A ser tratados con respeto e indiferencia por las autoridades y funcionarios, que habrán de facilitarles el ejercicio de sus derechos y el cumplimiento de sus obligaciones.

d) Al acceso a la información pública, archivos y registros de acuerdo con lo previsto en la Ley 19/2013, de 9 de diciembre, de transparencia, acceso a la información pública y buen gobierno y el resto del Ordenamiento Jurídico.

2. En relación con la lengua de los procedimientos, señala la afirmación falsa; de acuerdo con el artículo 15 de la Ley 39/2015, de 1 de octubre, de Procedimiento Administrativo Común de las Administraciones Públicas:

a) La lengua de los procedimientos tramitados por la Administración General del Estado será el español.

b) Los interesados que se dirijan a los órganos de la Administración General del Estado con sede en el territorio de una Comunidad Autónoma podrán utilizar también la lengua que sea cooficial en ella.

c) En los procedimientos tramitados por las Administraciones de las Comunidades Autónomas y de las Entidades Locales, el uso de la lengua se ajustará a lo previsto en la legislación autonómica correspondiente.

d) La Administración pública instructora deberá traducir al castellano los documentos, expedientes o partes de los mismos que deban surtir efecto fuera del territorio de la Comunidad Autónoma y los documentos dirigidos a los interesados que así lo soliciten expresamente. Si debieran surtir efectos en el territorio de una Comunidad Autónoma donde sea cooficial esa misma lengua distinta del castellano, no será precisa su traducción.

3. Conforme al artículo 19.1 de la Ley 39/2015, de 1 de octubre, de Procedimiento Administrativo Común de las Administraciones Públicas, la comparecencia de los ciudadanos ante las oficinas públicas solo será obligatoria cuando así esté previsto en una norma con rango de:

a) Ley.
b) Decreto.
c) Orden.
d) Instrucción.

4. Señale la respuesta incorrecta. La Administración está obligada a dictar resolución expresa en todos los procedimientos y a notificarla cualquiera que sea su forma de iniciación. En los casos de prescripción, renuncia del derecho, caducidad del procedimiento o desistimiento de la solicitud, así como la desaparición sobrevenida del objeto del procedimiento, la resolución consistirá, conforme al artículo 21.1 de la Ley 39/2015, de 1 de octubre, de Procedimiento Administrativo Común de las Administraciones Públicas:

a) En la declaración de la circunstancia que concurra en cada caso.
b) Con indicación de los hechos producidos.
c) Con indicación de las normas aplicables.
d) Con indicación de las pruebas practicadas.

5. La Administración está obligada a dictar resolución expresa en todos los procedimientos y a notificarla cualquiera que sea su forma de iniciación. Se exceptúan de esta obligación, de acuerdo con el artículo 21.1 de la Ley 39/2015, de 1 de octubre, de Procedimiento Administrativo Común de las Administraciones Públicas:

a) Los supuestos de terminación del procedimiento por pacto o convenio.
b) Los procedimientos relativos al ejercicio de derechos sometidos únicamente al deber de declaración responsable o comunicación a la Administración.
c) Los procedimientos sancionadores.
d) Las respuestas a) y b) son correctas.

6. Señala la opción incorrecta conforme al artículo 21.2 de la Ley 39/2015, de 1 de octubre, de Procedimiento Administrativo Común de las Administraciones Públicas. El plazo máximo en el que debe notificarse la resolución expresa será:

a) El fijado por la norma reguladora del correspondiente procedimiento.

b) No podrá exceder de seis meses salvo que una norma con rango de ley establezca uno mayor.

c) No podrá exceder de seis meses salvo que venga previsto en la normativa comunitaria europea.

d) Será de tres meses.

7. De acuerdo con el artículo 21.3.a) de la Ley 39/2015, de 1 de octubre, de Procedimiento Administrativo Común de las Administraciones Públicas, el plazo máximo en el que debe notificarse la resolución expresa se contarán en los procedimientos iniciados de oficio:

a) Desde la fecha del acuerdo de iniciación.

b) Desde la fecha en que la solicitud haya tenido entrada en el registro del órgano competente para su tramitación.

c) Desde la fecha en que la solicitud haya tenido entrada en el registro del órgano receptor de la solicitud.

d) Desde la fecha de notificación del acuerdo de iniciación.

8. El plazo máximo en el que debe notificarse la resolución expresa se contarán en los procedimientos a solicitud del interesado:

a) Desde la fecha del acuerdo de iniciación.

b) Desde la fecha en que la solicitud haya tenido entrada en el registro del órgano competente para su tramitación o desde la fecha en que la solicitud haya tenido entrada en el registro electrónico de la Administración u Organismo competente para su tramitación.

c) Desde la fecha en que la solicitud haya tenido entrada en el registro del órgano receptor de la solicitud.

d) Desde la fecha de notificación del acuerdo de iniciación.

9. En todo caso, las Administraciones Públicas informarán a los interesados del plazo máximo normativamente establecido para la resolución y notificación de los procedimientos, así como de los efectos que pueda producir el silencio administrativo, incluyendo dicha mención en la notificación o publicación del acuerdo de iniciación de oficio, o en comunicación que se les dirigirá al efecto dentro de:

a) Los diez días siguientes a la recepción de la solicitud en el registro del órgano competente para su tramitación.

b) Los diez días siguientes a la recepción de la solicitud en el registro del órgano receptor.

c) Los diez días naturales siguientes a la recepción de la solicitud en el registro del órgano competente para su tramitación o en el registro electrónico de la Administración u Organismo competente para su tramitación.

d) Los diez días naturales siguientes a la recepción de la solicitud en el registro del órgano receptor.

10. Señala la respuesta incorrecta. De acuerdo con el artículo 22 de la Ley 39/2015, de 1 de octubre, de Procedimiento Administrativo Común de las Administraciones Públicas, el transcurso del plazo máximo legal para resolver un procedimiento y notificar la resolución se podrá suspender en los siguientes casos:

a) Cuando deba requerirse a cualquier interesado para la subsanación de deficiencias y la aportación de documentos y otros elementos de juicio necesarios, por el tiempo que medie entre la notificación del requerimiento y su efectivo cumplimiento por el destinatario, o, en su defecto, el transcurso del plazo concedido, todo ello sin perjuicio de lo previsto en el artículo 68 de la Ley 39/2015, de 1 de octubre.

b) Cuando deba obtenerse un pronunciamiento previo y preceptivo de un órgano de la Unión Europea, por el tiempo que medie entre la petición, que habrá de comunicarse a los interesados, y la notificación del pronunciamiento a la Administración instructora, que también deberá serles comunicada.

c) Cuando deban solicitarse informes que sean preceptivos y determinantes del contenido de la resolución a órgano de la misma o distinta Administración, por el tiempo que medie entre la petición, que deberá comunicarse a los interesados, y la recepción del informe, que igualmente deberá ser comunicada a los mismos. Este plazo de suspensión no podrá exceder en ningún caso de tres meses.

d) Cuando los interesados promuevan la recusación en cualquier momento de la tramitación de un procedimiento.

En MADTEST tienes **más preguntas de este tema**, y todos tus avances quedan registrados y se reflejan en el ranking.

¡Supera tus límites con MADTEST!

Solución al test n.º 17

1. d) Al acceso a la información pública, archivos y registros de acuerdo con lo previsto en la Ley 19/2013, de 9 de diciembre, de transparencia, acceso a la información pública y buen gobierno y el resto del Ordenamiento Jurídico.

2. a) La lengua de los procedimientos tramitados por la Administración General del Estado será el español.

3. a) Ley.

4. d) Con indicación de las pruebas practicadas.

5. d) Las respuestas a) y b) son correctas.

6. d) Será de tres meses.

7. a) Desde la fecha del acuerdo de iniciación.

8. b) Desde la fecha en que la solicitud haya tenido entrada en el registro del órgano competente para su tramitación o desde la fecha en que la solicitud haya tenido entrada en el registro electrónico de la Administración u Organismo competente para su tramitación.

9. a) Los diez días siguientes a la recepción de la solicitud en el registro del órgano competente para su tramitación.

10. d) Cuando los interesados promuevan la recusación en cualquier momento de la tramitación de un procedimiento.

El Procedimiento Administrativo Común de las Administraciones Públicas (III): Las disposiciones sobre el procedimiento administrativo común. La revisión de los actos en vía administrativa. La iniciativa legislativa y de la potestad para dictar reglamentos y otras disposiciones

1. Los que tuvieren la condición de interesados en un procedimiento administrativo, podrán conocer del estado de la tramitación del mismo:

a) En el trámite de audiencia.
b) En el trámite de información pública.
c) En cualquier momento
d) Solo cuando lo permita el instructor del procedimiento.

2. Las medidas provisionales adoptadas antes de la iniciación del procedimiento administrativo, deberán ser confirmadas, modificadas o levantadas en el acuerdo de iniciación del procedimiento, que deberá efectuarse:

a) Dentro de los quince días siguientes a su adopción, pudiendo ser recurrido.
b) Dentro de los veinte días siguientes a su adopción, pudiendo de ser recurrido.
c) Dentro de los diez días siguientes a su adopción, sin posibilidad de ser recurrido.
d) Dentro de los veinte días siguientes a su adopción, sin posibilidad de ser recurrido.

3. Cuando el acuerdo de iniciación del procedimiento no contenga un pronunciamiento expreso acerca de las medidas provisionales previas, dichas medidas:

a) Se mantendrán, hasta la fase de alegaciones.
b) Se mantendrán, salvo que haya recurso pendiente.
c) Se prorrogaran por quince días.
d) Quedarán sin efecto.

4. Los procedimientos de naturaleza sancionadora se iniciarán:

a) De oficio o a instancia de parte.
b) Siempre a instancia de parte.

c) Siempre de oficio.
d) En virtud de denuncia.

5. Si la solicitud de iniciación del procedimiento administrativo no reúne los requisitos recogidos en la Ley 39/2015 u otros exigidos por la legislación específica aplicable:

a) Se inadmitirá la solicitud presentada por el interesado.
b) Se le dará un plazo de cinco días para que vuelva a presentar la solicitud correctamente.
c) Se le dará un plazo de veinte días para que subsane la falta o acompañe los documentos preceptivos.
d) Se le dará un plazo de diez días para que subsane la falta o acompañe los documentos preceptivos.

6. ¿Suspenderá la tramitación del procedimiento las cuestiones incidentales que se susciten en el mismo?

a) No.
b) Sí.
c) No, salvo las que se refieran a la nulidad de actuaciones.
d) No, incluso las relativas a la recusación no se suspenderán.

7. Señala cuál de las siguientes no podrá adoptarse como medidas provisionales en un procedimiento administrativo:

a) Embargo preventivo de bienes.
b) Inmovilización de cosa mueble.
c) Retirada o intervención de bienes productivos.
d) Suspensión definitiva de actividades.

8. El interesado en el procedimiento administrativo tiene derecho:

a) A formular alegaciones y a utilizar los medios de defensa admitidos por el Ordenamiento Jurídico en cualquier fase del procedimiento.
b) A formular alegaciones, a utilizar los medios de defensa admitidos por el Ordenamiento Jurídico, y a aportar documentos en cualquier fase del procedimiento anterior al trámite de audiencia.
c) A formular alegaciones y a utilizar los medios de defensa admitidos por el Ordenamiento Jurídico en cualquier fase del procedimiento, pero solo podrá aportar documentos con posterioridad al trámite de audiencia.
d) A formular alegaciones y a utilizar los medios de defensa admitidos por el Ordenamiento Jurídico en cualquier fase del procedimiento anterior al dictado de la resolución por la que se pone fin al procedimiento.

9. Contra el acuerdo de acumulación de procedimientos:

a) Cabe recurso de revisión.
b) Cabe recurso extraordinario de revisión.

c) No cabe recurso alguno.
d) Cabe recurso de alzada.

10. Los procedimientos administrativos que no tengan naturaleza sancionadora se podrán iniciar:

a) Por acuerdo del órgano competente o a petición razonada de otros órganos.
b) Por acuerdo del órgano competente, bien por propia iniciativa o como consecuencia de orden superior, a petición razonada de otros órganos o por denuncia.
c) Por denuncia solamente.
d) De oficio siempre.

En MADTEST tienes **más preguntas de este tema**, y todos tus avances quedan registrados y se reflejan en el ranking.

¡Supera tus límites con MADTEST!

Solución al test n.º 18

1. c) En cualquier momento.

2. a) Dentro de los quince días siguientes a su adopción, pudiendo ser recurrido.

3. d) Quedarán sin efecto.

4. c) Siempre de oficio.

5. d) Se le dará un plazo de diez días para que subsane la falta o acompañe los documentos preceptivos.

6. a) No.

7. d) Suspensión definitiva de actividades.

8. b) A formular alegaciones, a utilizar los medios de defensa admitidos por el Ordenamiento Jurídico, y a aportar documentos en cualquier fase del procedimiento anterior al trámite de audiencia.

9. c) No cabe recurso alguno.

10. b) Por acuerdo del órgano competente, bien por propia iniciativa o como consecuencia de orden superior, a petición razonada de otros órganos o por denuncia.

La contratación del sector público (I): Disposiciones generales: Objeto y ámbito de aplicación de la Ley. Contratos del Sector Público. Disposiciones generales sobre la contratación del sector público

1. Están incluidos en el ámbito de la Ley de Contratos del Sector Público:

a) La relación de servicio de los funcionarios públicos y los contratos regulados en la legislación laboral.

b) Las relaciones jurídicas consistentes en la prestación de un servicio público cuya utilización por los usuarios requiera el abono de una tarifa, tasa o precio público de aplicación general.

c) Los contratos relativos a servicios de arbitraje y conciliación.

d) Los contratos onerosos, cualquiera que sea su naturaleza jurídica, que celebren las Mutuas de Accidentes de Trabajo y Enfermedades Profesionales de la Seguridad Social.

2. Los contratos que tienen por objeto la adquisición, el arrendamiento financiero, o el arrendamiento, con o sin opción de compra, de productos o bienes muebles, son:

a) Contratos de servicios.
b) Contratos de suministro.
c) Contratos de obras.
d) Contratos de gestión de servicios públicos.

3. No se consideran contratos de suministros:

a) Aquellos en los que el empresario se obligue a entregar una pluralidad de bienes de forma sucesiva y por precio unitario sin que la cuantía total se defina con exactitud al tiempo de celebrar el contrato, por estar subordinadas las entregas a las necesidades del adquirente.

b) Los que tengan por objeto la adquisición y el arrendamiento de equipos y sistemas de telecomunicaciones o para el tratamiento de la información, sus dispositivos y programas, y la cesión del derecho de uso de estos últimos.

c) Los de adquisición de programas de ordenador desarrollados a medida.

d) Los de fabricación, por los que la cosa o cosas que hayan de ser entregadas por el empresario deban ser elaboradas con arreglo a características peculiares fijadas previamente por la entidad contratante, aun cuando esta se obligue a aportar, total o parcialmente, los materiales precisos.

4. Están sujetos a regulación armonizada los contratos de obras y los contratos de concesión de obras públicas cuyo valor estimado sea igual o superior a:

a) 5.404.000 euros.
b) 6.581.000 euros.
c) 8.615.000 euros.
d) 1.861.000 euros.

5. De los siguientes, son contratos privados los contratos celebrados por una Administración Pública que tengan por objeto:

a) La suscripción a revistas, publicaciones periódicas y bases de datos.
b) La concesión de servicios públicos.
c) Los contratos de colaboración entre el sector público y el sector privado.
d) La adquisición de suministros.

6. Conforme al artículo 1.3 de la Ley 9/2017, siempre que guarde relación con el objeto del contrato, en toda contratación pública se incorporarán de manera transversal y preceptiva criterios sociales y:

a) Divulgativos.
b) Comunitarios.
c) Medioambientales.
d) Judiciales.

7. Conforme al artículo 3.4 de la Ley 9/2017, los partidos políticos, cuando cumplan los requisitos para ser poder adjudicador y respecto de los contratos sujetos a regulación armonizada, deberán actuar conforme a los principios de publicidad, concurrencia, transparencia, igualdad y:

a) No discriminación.
b) Eficacia.
c) Sometimiento a las leyes.
d) Legitimidad.

8. En virtud de la Ley 9/2017 (art. 6.1.a), se presumirá que las entidades intervinientes en un convenio tienen vocación de mercado cuando realicen en el mercado abierto un porcentaje de las actividades objeto de colaboración igual o superior a:

a) El 10%.
b) El 20%.

c) El 50%.
d) El 30%.

9. En un contrato de concesión de obras, cuando no esté garantizado que, en condiciones normales de funcionamiento, el concesionario vaya a recuperar las inversiones realizadas ni a cubrir los costes en que hubiera incurrido como consecuencia de la explotación de las obras que sean objeto de la concesión, se considerará que el mismo asume un riesgo:

a) Operacional.
b) Virtual.
c) General.
d) Provisional.

10. Los contratos que tengan por objeto la adquisición de energía primaria o energía transformada se consideran:

a) Contratos de concesión de servicios.
b) Contratos de suministros.
c) Contratos privados.
d) Contratos de servicios.

En MADTEST tienes **más preguntas de este tema**, y todos tus avances quedan registrados y se reflejan en el ranking.

¡Supera tus límites con MADTEST!

Solución al test n.º 19

1. d) Los contratos onerosos, cualquiera que sea su naturaleza jurídica, que celebren las Mutuas de Accidentes de Trabajo y Enfermedades Profesionales de la Seguridad Social

2. b) Contratos de suministro.

3. c) Los de adquisición de programas de ordenador desarrollados a medida.

4. a) 5.404.000 euros.

5. a) La suscripción a revistas, publicaciones periódicas y bases de datos.

6. c) Medioambientales.

7. a) No discriminación.

8. b) El 20%.

9. a) Operacional.

10. b) Contratos de suministros.

La contratación del sector público (II):
Disposiciones generales sobre la contratación del sector público.
Partes en el contrato

1. La publicación de la información relativa a los contratos menores en el perfil de contratante debe realizarse, al menos:

a) Mensualmente.
b) Trimestralmente.
c) Semestralmente.
d) Anualmente.

2. ¿En qué tipo de contratos las facultades del responsable del contrato serán ejercidas por el director facultativo?

a) En los contratos de obras.
b) En los contratos mixtos.
c) En los contratos sujetos a una regulación armonizada.
d) En los contratos de concesiones de obra pública y de concesiones de servicios.

3. Sin perjuicio de que se permita el acceso a expedientes anteriores ante solicitudes de información, toda la información contenida en los perfiles de contratante se publicará en formatos abiertos y reutilizables, y permanecerá accesible al público durante un periodo de tiempo no inferior a:

a) 2 años.
b) 3 años.
c) 4 años.
d) 5 años.

4. Por regla general, el acceso a la información del perfil de contratante:

a) Será libre, no requiriendo identificación previa.
b) Estará restringido.

c) Será libre, previa identificación.
d) Precisará previa solicitud motivada de acceso.

5. Los contratos menores cuya información se publica en el perfil de contratante, estarán ordenados:

a) Según la duración de los contratos.
b) Por importe de adjudicación.
c) Por el objeto de los contratos.
d) Por la identidad del adjudicatario.

6. Siempre que el sistema de pago utilizado por los poderes adjudicadores fuera el de anticipo de caja fija u otro sistema similar para realizar pagos menores, no se publicará en el perfil de contratante la información de los contratos menores cuando su valor estimado fuera inferior a (a partir de):

a) Mil euros.
b) Cinco mil euros.
c) Veinte mil euros.
d) Treinta mil euros.

7. Según el artículo 190 de la Ley 9/2017, el órgano de contratación ostenta, entre otras, la siguiente prerrogativa en relación a los contratos administrativos:

a) El derecho general del órgano de contratación a inspeccionar las instalaciones, oficinas y demás emplazamientos en los que el contratista desarrolle sus actividades.
b) La revisión periódica no predeterminada o no periódica de los precios de los contratos.
c) Suspender la ejecución del contrato.
d) La prórroga del contrato sin necesidad de preaviso.

8. ¿Cuál de entre las siguientes no es prerrogativa propia del órgano de contratación?

a) La interpretación el contrato.
b) La resolución del contrato.
c) La determinación de los efectos del contrato.
d) La suspensión del contrato.

9. La actividad contractual de la Junta de Extremadura y su sector público autonómico debe regirse principalmente por los principios de:

a) Eficiencia y economía.
b) Publicidad y transparencia.
c) Libre concurrencia y objetividad.
d) Legalidad y jerarquía normativa.

10. La obligación de publicar información contractual en el Portal de la Transparencia y la Participación Ciudadana se aplica a los contratos cuyo importe sea superior a:

a) 5.000 euros, IVA incluido.
b) 3.000 euros, IVA incluido.
c) 3.000 euros, IVA excluido.
d) 15.000 euros, IVA excluido.

En MADTEST tienes **más preguntas de este tema**, y todos tus avances quedan registrados y se reflejan en el ranking.

¡Supera tus límites con MADTEST!

Solución al test n.º 20

1. b) Trimestralmente.

2. a) En los contratos de obras.

3. d) 5 años.

4. a) Será libre, no requiriendo identificación previa.

5. d) Por la identidad del adjudicatario.

6. b) Cinco mil euros.

7. c) Suspender la ejecución del contrato.

8. c) La determinación de los efectos del contrato.

9. b) Publicidad y transparencia.

10. c) 3.000 euros, IVA excluido.

La contratación del sector público (III): Objeto, presupuesto base de licitación, valor estimado, precio del contrato y su revisión. Garantías exigibles en la contratación del sector público

1. Previa justificación en el expediente, podrá llevarse a cabo la revisión periódica y predeterminada de precios en aquellos contratos en los que el período de recuperación de la inversión sea igual o superior a:

a) 3 años.
b) 4 años.
c) 5 años.
d) 1 año.

2. Conforme al artículo 99 de la Ley 9/2017, el objeto de los contratos del sector público deberá ser:

a) Determinado.
b) Fraccionado.
c) Motivado.
d) Concertado.

3. En relación al objeto del contrato, NO es cierto que:

a) En los contratos adjudicados por lotes, sólo se constituye un único contrato por todo el conjunto.
b) Cuando el órgano de contratación proceda a la división en lotes del objeto del contrato, podrá limitar el número de lotes para los que un mismo candidato o licitador puede presentar oferta.
c) Siempre que la naturaleza o el objeto del contrato lo permitan, deberá preverse la realización independiente de cada una de sus partes mediante su división en lotes.
d) El objeto del contrato se podrá definir en atención a las necesidades o funcionalidades concretas que se pretenden satisfacer, sin cerrar el objeto del contrato a una solución única.

4. El límite máximo de gasto que en virtud del contrato puede comprometer el órgano de contratación, incluido el Impuesto sobre el Valor Añadido, constituye:

a) El valor estimado del contrato.
b) El precio del contrato.
c) El presupuesto base de licitación.
d) El objeto del contrato.

5. ¿En cuál de los siguientes contratos el valor estimado será determinado por el órgano de contratación a partir del importe neto de la cifra de negocios que estima generará la empresa contratista durante la ejecución del mismo como contraprestación?

a) Contrato de Servicios.
b) Contrato de Obras.
c) Contrato de Suministros.
d) Contrato de Concesión de Obras.

6. En relación al valor estimado de los contratos, es cierto que:

a) En el cálculo del valor estimado, únicamente deberán tenerse en cuenta los costes derivados de la aplicación de las normativas laborales vigentes.
b) En la determinación del valor estimado se ha de incluir el impuesto sobre el valor añadido.
c) En el cálculo del valor estimado deberá tenerse en cuenta cualquier forma de opción eventual y las eventuales prórrogas del contrato.
d) El método de cálculo aplicado por el órgano de contratación para calcular el valor estimado no podrá figurar en los pliegos de cláusulas administrativas particulares.

7. Los contratos del sector público tendrán siempre un precio:

a) Justo.
b) Cierto.
c) Aproximado.
d) Mínimo.

8. En relación al precio de los contratos del sector público, es cierto que:

a) Por regla general, el precio en los contratos de las Administraciones Públicas puede ser aplazado.
b) El coste económico principal no pueden ser los costes laborales.
c) En los contratos celebrados con precios provisionales el precio se determinará, dentro de los límites fijados para el precio máximo, en función de los costes en que realmente incurra el contratista y del beneficio que se haya acordado.
d) Los contratos celebrados con precios provisionales son susceptibles de revisión de precios.

9. Previa justificación en el expediente, la revisión periódica y predeterminada de precios se podrá llevar a cabo en todos los contratos del siguiente tipo:

a) En los contratos de obra.
b) En los contratos de concesión de obra.
c) En los contratos de suministros.
d) En los contratos de servicios.

10. ¿Cuál de los siguientes costes en un contrato puede ser revisable en algunos casos?

a) Los costes asociados a las amortizaciones.
b) El beneficio industrial.
c) Los gastos generales.
d) Los costes de mano de obra.

En MADTEST tienes **más preguntas de este tema**, y todos tus avances quedan registrados y se reflejan en el ranking.

¡Supera tus límites con MADTEST!

Solución al test n.º 21

1. c) 5 años.

2. a) Determinado.

3. a) En los contratos adjudicados por lotes, sólo se constituye un único contrato por todo el conjunto.

4. c) El presupuesto base de licitación.

5. d) Contrato de Concesión de Obras.

6. c) En el cálculo del valor estimado deberá tenerse en cuenta cualquier forma de opción eventual y las eventuales prórrogas del contrato.

7. b) Cierto.

8. c) En los contratos celebrados con precios provisionales el precio se determinará, dentro de los límites fijados para el precio máximo, en función de los costes en que realmente incurra el contratista y del beneficio que se haya acordado.

9. a) En los contratos de obra.

10. d) Los costes de mano de obra.

La contratación del sector público (IV): Disposiciones generales. De la preparación de los contratos de las Administraciones Públicas. De la adjudicación de los contratos de las Administraciones Públicas

1. En relación al expediente de contratación, NO es cierto que:

a) El expediente deba referirse a la totalidad del objeto del contrato.

b) En todo caso, se han de incorporar al expediente el pliego de cláusulas administrativas particulares y el de prescripciones generales.

c) Debe incorporarse al expediente el certificado de existencia de crédito.

d) El expediente se iniciará por el órgano de contratación, que ha de motivar la necesidad del contrato.

2. ¿En qué tipo de contratos se ha de justificar adecuadamente en el expediente el informe de insuficiencia de medios (art. 116)?

a) En los contratos de servicios.

b) En los contratos de suministros.

c) En los contratos de concesión de obras.

d) En los contratos de obras.

3. Conforme a la Ley 9/2017, de 8 de noviembre, de Contratos del Sector Público, la resolución motivada por el órgano de contratación aprobando un expediente de contratación y disponiendo la apertura del procedimiento de adjudicación, implicará con carácter general (art. 117):

a) La apertura del plazo para el depósito de la garantía provisional.

b) La preferencia para el despacho del expediente por los distintos órganos que intervengan en la tramitación.

c) La motivación de que no se está alterando el objeto del contrato.

d) La aprobación del gasto.

4. Las prescripciones técnicas de los contratos:

a) Proporcionarán a los empresarios acceso en condiciones de igualdad al procedimiento de contratación.

b) Tienen por efecto la creación de obstáculos, justificados o no, a la apertura de la contratación pública a la competencia.

c) Son especificaciones de cumplimiento voluntario aprobadas por organismos de normalización.

d) Son documentos elaborados por los organismos europeos de normalización, distintos de las normas europeas, con arreglo a procedimientos adaptados a la evolución de las necesidades del mercado.

5. En relación a las consultas preliminares del mercado para la preparación del contrato, es cierto que:

a) De las consultas realizadas se ha de intentar obtener un objeto contractual tan concreto y delimitado que únicamente se ajuste a las características técnicas de uno de los consultados.

b) Las consultas realizadas podrán comportar ventajas respecto de la adjudicación del contrato para las empresas participantes en aquellas.

c) Durante el proceso de consultas, el órgano de contratación podrá revelar a los participantes en el mismo las soluciones propuestas por los otros participantes.

d) Con carácter general, el órgano de contratación al elaborar los pliegos deberá tener en cuenta los resultados de las consultas realizadas.

6. En los contratos menores de más de 5.000 euros, la tramitación del expediente exigirá la emisión de un informe del órgano de contratación justificando de manera motivada la necesidad del contrato y que no se está alterando su objeto con el fin de evitar la aplicación de los umbrales de este tipo de contratos. Asimismo, se requerirá la aprobación del gasto y la incorporación al mismo de la factura correspondiente. ¿En qué contrato menor deberá añadirse, además, el presupuesto?

a) En el de obras.
b) En el de suministros.
c) En el de servicios.
d) En el de concesión de servicios.

7. El plazo de inicio de la ejecución de un contrato calificado de urgente, no podrá exceder, a contar desde la formalización, de:

a) 10 días.
b) 20 días.
c) Un mes.
d) Tres meses.

8. El artículo 127 de la Ley de Contratos del Sector Público, define como "cualquier documento, certificado o acreditación que confirme que las obras, productos, servicios, procesos o procedimientos de que se trate cumplen determinados requisitos" a:

a) La prescripción técnica.
b) La etiqueta.
c) La clasificación.
d) El expediente de contratación.

9. No se adjudicarán mediante subasta electrónica: (art. 143)

a) Los contratos tramitados por procedimientos abiertos.
b) Los contratos tramitados por procedimientos restringidos.
c) Aquellos contratos en que la adjudicación se base únicamente en los precios.
d) Los contratos cuyo objeto tenga relación con la calidad alimentaria.

10. Señalar la opción incorrecta. Podrá establecerse la preferencia en la adjudicación de contratos, en igualdad de condiciones con las que sean económicamente más ventajosas, por:

a) Empresas que tengan en su plantilla un número de trabajadores con discapacidad superior a un porcentaje concreto.
b) Empresas de inserción.
c) Entidades reconocidas como Organizaciones de Comercio Justo.
d) Empresas de implantación nacional.

En MADTEST tienes **más preguntas de este tema**, y todos tus avances quedan registrados y se reflejan en el ranking.

¡Supera tus límites con MADTEST!

Solución al test n.º 22

1. b) En todo caso, se han de incorporar al expediente el pliego de cláusulas administrativas particulares y el de prescripciones generales.

2. a) En los contratos de servicios.

3. d) La aprobación del gasto.

4. a) Proporcionarán a los empresarios acceso en condiciones de igualdad al procedimiento de contratación.

5. d) Con carácter general, el órgano de contratación al elaborar los pliegos deberá tener en cuenta los resultados de las consultas realizadas.

6. a) En el de obras.

7. c) Un mes.

8. b) La etiqueta.

9. d) Los contratos cuyo objeto tenga relación con la calidad alimentaria.

10. d) Empresas de implantación nacional.

La contratación del sector público (V): De los distintos tipos de contratos de las Administraciones públicas: contrato de obras, contrato de concesión de servicios, contrato de suministros y contrato de servicios

1. Es causa de resolución del contrato de obras la suspensión de las obras por parte de la Administración por plazo superior a:

a) 4 meses.
b) 6 meses.
c) 8 meses.
d) 10 meses.

2. Las obras que tienen por objeto reparar una construcción conservando su estética, respetando su valor histórico y dotándola de una nueva funcionalidad que sea compatible con los elementos y valores originales del inmueble, se denominan:

a) Obras de restauración.
b) Obras de rehabilitación.
c) Obras de regeneración.
d) Obras de conservación.

3. Es causa de resolución del contrato de obras la suspensión de la iniciación de las obras por plazo superior a:

a) 3 meses.
b) 4 meses.
c) 6 meses.
d) 8 meses.

4. Con carácter previo a la decisión de construir y explotar en régimen de concesión unas obras, el órgano que corresponda de la Administración concedente deberá acordar la realización de:

a) Un estudio de viabilidad.
b) Un proyecto de obras.

c) Un replanteo de obras.
d) Una garantía provisional.

5. La declaración unilateral del órgano contratante, adoptada por razones de interés público, por la que dé por terminada la concesión de obra, no obstante la buena gestión de su titular, para su gestión directa por la Administración, se denomina:

a) Reversión.
b) Replanteo.
c) Rescate.
d) Secuestro.

6. Según el artículo 231 de la Ley 9/2017, la adjudicación de un contrato de obras requerirá la previa elaboración, supervisión, aprobación y replanteo del correspondiente:

a) Estudio de seguridad.
b) Presupuesto.
c) Proyecto.
d) Pliego de condiciones.

7. Los órganos de contratación deberán solicitar, antes de la aprobación del proyecto, un informe de las correspondientes oficinas o unidades de supervisión de los proyectos encargadas de verificar que se han tenido en cuenta las disposiciones generales de carácter legal o reglamentario así como la normativa técnica que resulten de aplicación para cada tipo de proyecto, cuando el presupuesto base de licitación del contrato de obras sea igual o superior a:

a) 60.000 euros, IVA excluido.
b) 150.000 euros, IVA excluido.
c) 300.000 euros, IVA excluido.
d) 500.000 euros, IVA excluido.

8. Las obras de reparación que no afecten fundamentalmente a la estructura resistente, tendrán la calificación de:

a) Reparación simple.
b) Reparación secundaria.
c) Pequeña reparación.
d) Reforma.

9. Salvo prevención en contrario en el pliego de cláusulas administrativas particulares, la Administración expedirá mensualmente certificaciones que comprendan la obra ejecutada conforme a proyecto durante dicho período de tiempo, en:

a) Los primeros 10 días siguientes al mes al que correspondan.
b) Los primeros 20 días siguientes al mes al que correspondan.

c) El siguiente mes al que correspondan.
d) Los siguientes 3 meses al que correspondan.

10. El órgano de contratación deberá aprobar la certificación final de las obras ejecutadas dentro del plazo, a contar a partir de la recepción, de:

a) 1 mes.
b) 2 meses.
c) 3 meses.
d) 5 meses.

En MADTEST tienes **más preguntas de este tema**, y todos tus avances quedan registrados y se reflejan en el ranking.

¡Supera tus límites con MADTEST!

Solución al test n.º 23

1. c) 8 meses.

2. b) Obras de rehabilitación.

3. b) 4 meses.

4. a) Un estudio de viabilidad.

5. c) Rescate.

6. c) Proyecto.

7. d) 500.000 euros, IVA excluido.

8. a) Reparación simple.

9. a) Los primeros 10 días siguientes al mes al que correspondan.

10. c) 3 meses.

La contratación del sector público (VI):
Órganos competentes en materia de contratación. Registros oficiales. Normas en materia de contratación, convenios, encargos de gestión y transferencias en la Ley de Presupuestos Generales de la Comunidad Autónoma de Extremadura

1. Podrían formar parte de las Mesas de Contratación y emitir informes de valoración de las ofertas cuando no existan funcionarios de carrera suficientemente cualificados y así se acredite en el expediente:

a) Los cargos públicos representativos.
b) El personal de elección o designación política.
c) El personal eventual.
d) El personal interino.

2. Los órganos de contratación de las entidades del sector público estatal que tengan la consideración de poder adjudicador, necesitarán la autorización del Consejo de Ministros para celebrar contratos cuyo valor estimado sea igual o superior a:

a) Dos millones de euros.
b) Doce millones de euros.
c) Veintidós millones de euros.
d) Treinta y dos millones de euros.

3. La Estrategia Nacional de Contratación Pública tendrá un horizonte temporal de:

a) 2 años.
b) 4 años.
c) 5 años.
d) 10 años.

4. La Ley 9/2017 contempla tres tipos de órganos en materia de contratación; señalar la opción incorrecta:

a) Órganos de asistencia.
b) Órganos de dirección.

c) Órganos consultivos.
d) Órganos de contratación.

5. Corresponden a los Alcaldes y a los Presidentes de las Entidades Locales las competencias como órgano de contratación respecto de los contratos de obras, de suministro, de servicios, los contratos de concesión de obras, los contratos de concesión de servicios y los contratos administrativos especiales, cuando su valor estimado no supere el 10 por ciento de los recursos ordinarios del presupuesto ni, en cualquier caso, la cuantía de:

a) 300.000 euros.
b) 600.000 euros.
c) 3.000.000 euros.
d) 6.000.000 euros.

6. En los municipios de gran población, los pliegos de cláusulas administrativas generales serán aprobadas por:

a) El Pleno.
b) El Alcalde.
c) La Junta de Gobierno Local.
d) Las Juntas de contratación.

7. La Mesa de contratación estará presidida por un miembro de la Corporación o un funcionario de la misma, y formarán parte de ella, como vocales, el Secretario o, en su caso, el titular del órgano que tenga atribuida la función de asesoramiento jurídico, y el Interventor, o, en su caso, el titular del órgano que tenga atribuidas la función de control económico-presupuestario, así como aquellos otros que se designen por el órgano de contratación entre el personal funcionario de carrera o personal laboral al servicio de la Corporación, o miembros electos de la misma, sin que su número, en total, sea inferior a:

a) 3.
b) 5.
c) 7.
d) 9.

8. En las entidades locales corresponde a los Alcaldes y a los Presidentes de las Entidades Locales la competencia para la celebración de los contratos privados, así como la adjudicación de concesiones sobre los bienes de las mismas y la adquisición de bienes inmuebles y derechos sujetos a la legislación patrimonial cuando el presupuesto base de licitación no supere el 10 por ciento de los recursos ordinarios del presupuesto ni el importe de:

a) 300.000 euros.
b) 600.000 euros.

c) 3.000.000 euros.
d) 6.000.000 euros.

9. Según la D.A.2ª de la Ley 9/2017, en ningún caso podrán formar parte de las Mesas de contratación ni emitir informes de valoración de las ofertas:

a) Miembros electos de la Corporación.

b) Personal interino.

c) El titular del órgano que tenga atribuidas la función de control económico-presupuestario.

d) Personal eventual.

10. Según la D.A.2ª.7 de la Ley 9/2017, actuará como Secretario de la Mesa de Contratación:

a) El Secretario o, en su caso, el titular del órgano que tenga atribuida la función de asesoramiento jurídico.

b) El Interventor o, en su caso, el titular del órgano que tenga atribuidas la función de control económico-presupuestario.

c) Un funcionario de la Corporación.

d) Un miembro electo de la Corporación.

En MADTEST tienes **más preguntas de este tema**, y todos tus avances quedan registrados y se reflejan en el ranking.

¡Supera tus límites con MADTEST!

Solución al test n.º 24

1. d) El personal interino.

2. b) Doce millones de euros.

3. b) 4 años.

4. b) Órganos de dirección.

5. d) 6.000.000 euros.

6. a) El Pleno.

7. a) 3.

8. c) 3.000.000 euros.

9. d) Personal eventual.

10. c) Un funcionario de la Corporación.

Régimen Jurídico de Administración Electrónica de la Comunidad Autónoma de Extremadura: Disposiciones Generales. Puntos de acceso electrónicos corporativos. Registro Electrónico. Comunicaciones y notificaciones electrónicas

1. Se define como "dirección electrónica disponible para los ciudadanos a través de redes de telecomunicaciones cuya titularidad, gestión y administración corresponde a una Administración Pública, órgano o entidad administrativa en el ejercicio de sus competencias":

a) Sede electrónica.
b) Administración electrónica.
c) Página web de una Administración Pública.
d) Estándar abierto.

2. Según el artículo 38.3 de la LRJSP, cada Administración Pública determinará las condiciones e instrumentos de creación de las sedes electrónicas, con sujeción a varios principios, entre los que no figura el de:

a) Neutralidad.
b) Accesibilidad.
c) Coordinación.
d) Publicidad.

3. Según el artículo 13.g) de la LPACAP, quienes tienen capacidad de obrar ante las Administraciones Públicas, son titulares, en sus relaciones con ellas, del derecho a la obtención y utilización de:

a) Cualquier medio de identificación y firma electrónica.
b) Los medios de identificación y firma electrónica que tenga a su alcance.
c) Los medios de identificación y firma electrónica contemplados en esta ley.
d) Los medios de identificación y firma electrónica, cuando así corresponda legalmente.

4. Conforme al artículo 2 del RD 203/2021, entenderemos el principio de accesibilidad como:

a) El conjunto de principios y técnicas que se deben respetar al diseñar, construir, mantener y actualizar los servicios electrónicos para garantizar la igualdad y la no discriminación en el acceso de las personas usuarias.

b) Determinar que el diseño de los servicios electrónicos esté centrado en las personas usuarias, de forma que se minimice el grado de conocimiento necesario para el uso del servicio.

c) La capacidad de los sistemas de información y, por ende, de los procedimientos a los que estos dan soporte, de compartir datos y posibilitar el intercambio de información entre ellos.

d) La capacidad de las Administraciones Públicas para que, partiendo del conocimiento adquirido del usuario final del servicio, proporcione servicios precumplimentados y se anticipe a las posibles necesidades de los mismos.

5. Señalar la opción incorrecta. Las herramientas y dispositivos que deban utilizarse para la comunicación por medios electrónicos con las Administraciones Públicas por parte de las personas interesadas y por el propio sector público, así como sus características técnicas:

a) Serán no discriminatorios.
b) Estarán disponibles de forma general.
c) Serán compatibles con los productos informáticos de uso general.
d) Carecerán de propiedad intelectual.

6. Según el artículo 2 del RD 203/2021, la capacidad de las Administraciones Públicas para que, partiendo del conocimiento adquirido del usuario final del servicio, proporcionen servicios precumplimentados y se anticipen a las posibles necesidades de los mismos, está basada en el principio de personalización y:

a) Proporcionalidad.
b) Proactividad.
c) Interoperabilidad.
d) Adaptabilidad al progreso.

7. Qué principio enunciado en el RD 203/2021, determina que el diseño de los servicios electrónicos esté centrado en las personas usuarias, de forma que se minimice el grado de conocimiento necesario para el uso del servicio:

a) Principio de adaptabilidad al progreso.
b) Principio de accesibilidad.
c) Principio de facilidad de uso.
d) Principio de interoperabilidad.

8. Indica la respuesta incorrecta. Con respecto a la información y a los documentos electrónicos, el Decreto 225/2014 garantiza:

a) La accesibilidad.
b) La igualdad.
c) La invulnerabilidad.
d) La integridad.

9. Indica cuál de los siguientes NO es una de las herramientas o elementos corporativos comunes que habilitan la gestión electrónica de procesos, procedimientos y la prestación de servicios de la administración electrónica de la Comunidad Autónoma de Extremadura:

a) Sistema de reserva telemático.
b) Archivo electrónico.
c) Ficheros de datos de identificación de ciudadanos.
d) Tablón de anuncios electrónico.

10. ¿Cómo se llama el documento de aplicación corporativa que establece los aspectos técnicos y organizativos necesarios para implantar diversos servicios electrónicos?

a) Sistema general de gestión de la documentación administrativa.
b) Protocolo de elaboración y servicios electrónicos.
c) Protocolo de servicios y trámites electrónicos.
d) Inventario de Información Administrativa.

En MADTEST tienes **más preguntas de este tema**, y todos tus avances quedan registrados y se reflejan en el ranking.

¡Supera tus límites con MADTEST!

Solución al test n.º 25

1. a) Sede electrónica.

2. c) Coordinación.

3. c) Los medios de identificación y firma electrónica contemplados en esta ley.

4. a) El conjunto de principios y técnicas que se deben respetar al diseñar, construir, mantener y actualizar los servicios electrónicos para garantizar la igualdad y la no discriminación en el acceso de las personas usuarias.

5. d) Carecerán de propiedad intelectual.

6. b) Proactividad.

7. c) Principio de facilidad de uso.

8. c) La invulnerabilidad.

9. a) Sistema de reserva telemático.

10. c) Protocolo de servicios y trámites electrónicos.

La Hacienda Pública de la Comunidad Autónoma (I): Principios Generales. De los Presupuestos Generales de la Comunidad Autónoma: Contenido, estructura y elaboración de los presupuestos. De la Gestión Presupuestaria: Gestión de los Presupuestos Generales de la Comunidad Autónoma. Ley por la que se aprueban los Presupuestos Generales de la Comunidad Autónoma de Extremadura: La aprobación de los presupuestos y la gestión presupuestaria

1. La Ley de Hacienda Pública de Extremadura es la:

a) 5/2007.
b) 3/1985.
c) 1/2011.
d) 8/1999.

2. ¿Qué Título le dedica el Estatuto de Autonomía de Extremadura al régimen de la Hacienda Pública de Extremadura?

a) El III.
b) El V.
c) El VI.
d) El VII.

3. ¿En qué artículo de la Ley de Hacienda Pública de Extremadura se recogen los principios generales de la Hacienda regional?

a) En el 5.
b) En el 47.
c) En el 77.
d) En el 85.

4. En la aplicación de los derechos y en el cumplimiento de las obligaciones se atenderá a los principios de:

a) Legalidad.
b) Austeridad.
c) Eficacia y coordinación.
d) Todas las respuestas anteriores son correctas.

5. Las sociedades mercantiles autonómicas forman parte del:

a) Sector público administrativo.
b) Sector público empresarial.
c) Sector público fundacional.
d) Ninguno de los anteriores.

6. Corresponde al Consejo de Gobierno:

a) El régimen de concesión de avales por la Comunidad.
b) El ejercicio de la potestad reglamentaria dentro del marco establecido por la ley.
c) Administrar, gestionar y recaudar los derechos económicos de la Administración de la Comunidad Autónoma de Extremadura.
d) Ejercer la superior autoridad en materia de ordenación de pagos.

7. Corresponde a la Asamblea de Extremadura:

a) El régimen de la deuda pública y demás operaciones de crédito concertadas por la Comunidad Autónoma de Extremadura.
b) Autorizar los gastos en los supuestos previstos en las leyes.
c) La aprobación del proyecto de Ley de Presupuestos Generales de la Comunidad Autónoma de Extremadura y su remisión a la Asamblea.
d) Ejercer la superior autoridad en materia de ordenación de pagos.

8. Corresponde al titular de la Consejería competente en materia de Hacienda:

a) Autorizar créditos extraordinarios en los casos previstos en la letra a) del artículo 75 de la Ley 5/2007.
b) Velar por la ejecución de los Presupuestos Generales de la Comunidad Autónoma de Extremadura y por el cumplimiento de las disposiciones de carácter financiero.
c) La presentación de los proyectos de ley que impliquen aumento del gasto público o disminución de los ingresos, dentro del mismo ejercicio presupuestario.
d) El régimen de concesión de avales por la Comunidad.

9. Corresponde a los titulares de las demás Consejerías y órganos de la Comunidad Autónoma:

a) Autorizar las propuestas de modificación de las dotaciones o sustituciones de los proyectos incluidos en los Fondos de Compensación Interterritorial, de conformidad con lo dispuesto en su normativa reguladora.

b) Administrar los créditos para gastos consignados en el Presupuesto de la Comunidad Autónoma.

c) Dictar las normas de desarrollo que específicamente le encomiende la Ley 5/2007.

d) Elaborar y someter a la aprobación del Consejo de Gobierno el anteproyecto de Ley de Presupuestos Generales de la Comunidad Autónoma de Extremadura.

10. Y son competencia de los organismos autónomos:

a) Administrar los créditos para gastos consignados en el Presupuesto de la Comunidad Autónoma.

b) Autorizar las propuestas de modificación de las dotaciones o sustituciones de los proyectos incluidos en los Fondos de Compensación Interterritorial, de conformidad con lo dispuesto en su normativa reguladora.

c) Ejercer la superior autoridad en materia de ordenación de pagos.

d) Autorizar los gastos y ordenar los pagos.

En MADTEST tienes **más preguntas de este tema**, y todos tus avances quedan registrados y se reflejan en el ranking.

¡Supera tus límites con MADTEST!

Solución al test n.º 26

1. a) 5/2007.

2. b) El V.

3. c) En el 77.

4. d) Todas las respuestas anteriores son correctas.

5. b) Sector público empresarial.

6. b) El ejercicio de la potestad reglamentaria dentro del marco establecido por la ley.

7. a) El régimen de la deuda pública y demás operaciones de crédito concertadas por la Comunidad Autónoma de Extremadura.

8. b) Velar por la ejecución de los Presupuestos Generales de la Comunidad Autónoma de Extremadura y por el cumplimiento de las disposiciones de carácter financiero.

9. b) Administrar los créditos para gastos consignados en el Presupuesto de la Comunidad Autónoma.

10. d) Autorizar los gastos y ordenar los pagos.

**La Hacienda Pública de la Comunidad Autónoma
de Extremadura (II): De los créditos y sus modificaciones:
Disposiciones Generales. De las modificaciones de créditos.
Competencias en materia de modificaciones de créditos**

1. En el presupuesto de la Administración de la Comunidad Autónoma los créditos tendrán carácter vinculante, dentro de cada servicio u organismo presupuestario, programa y fuente de financiación, los créditos destinados a satisfacer los tributos, a nivel de:

a) Capítulo.
b) Artículo.
c) Concepto.
d) Subconcepto.

2. En el presupuesto de la Administración de la Comunidad Autónoma los créditos tendrán carácter vinculante dentro de cada servicio u organismo presupuestario y programa, todos los créditos financiados con recursos propios "CA" relativos al capítulo 6 «Inversiones reales»., a nivel de:

a) Capítulo.
b) Artículo.
c) Concepto.
d) Subconcepto.

3. La Orden por la que se aprueba la instrucción de operatoria contable a seguir en la ejecución del gasto de la Administración de la Comunidad Autónoma de Extremadura es de:

a) 17 de diciembre de 2020.
b) 5 de enero de 2000.
c) 21 de diciembre de 1999.
d) 5 de octubre de 2009.

4. Los compromisos de gastos plurianuales no pueden diferirse en el tiempo más allá de:

a) Tres ejercicios.
b) Cuatro ejercicios.
c) Cinco ejercicios.
d) Seis ejercicios.

5. Para las inversiones reales, el gasto que se impute al segundo ejercicio no podrá exceder de la cantidad que resulte de aplicar al crédito inicial a que corresponda la operación, minorado o aumentado por las transferencias de créditos negativas o positivas, en su caso, el siguiente porcentaje:

a) 80%.
b) 70%.
c) 60%.
d) 50%.

6. Para las inversiones reales, el gasto que se impute al tercer ejercicio no podrá exceder de la cantidad que resulte de aplicar al crédito inicial a que corresponda la operación, minorado o aumentado por las transferencias de créditos negativas o positivas, en su caso, el siguiente porcentaje

a) 80%.
b) 70%.
c) 60%.
d) 50%.

7. Para un contrato de arrendamiento de inmuebles, el gasto que se impute al tercer ejercicio no podrá exceder de la cantidad que resulte de aplicar al crédito inicial a que corresponda la operación, minorado o aumentado por las transferencias de créditos negativas o positivas, en su caso, el siguiente porcentaje:

a) 70%.
b) 60%.
c) 50%.
d) No tiene esta limitación.

8. Estos porcentajes se podrán modificar por:

a) La Asamblea.
b) El Consejo de Gobierno.
c) La persona titular de la Consejería competente en materia de Hacienda.
El titular de la Consejería afectada por el crédito.

9. Las incorporaciones de crédito suponen:

a) Una excepción del principio de anualidad.
b) Igual gasto público.
c) Menor gasto público.
d) Las respuestas a) y b) son correctas.

10. Las transferencias de crédito suponen:

a) Una excepción a la limitación cuantitativa y cualitativa.
b) Mayor gasto público.
c) Igual gasto público.
d) Las respuestas a) y c) son correctas.

En MADTEST tienes **más preguntas de este tema**, y todos tus avances quedan registrados y se reflejan en el ranking.

¡Supera tus límites con MADTEST!

Solución al test n.º 27

1. c) Concepto.

2. a) Capítulo.

3. a) 17 de diciembre de 2020.

4. b) Cuatro ejercicios.

5. c) 60%.

6. d) 50%.

7. d) No tiene esta limitación.

8. b) El Consejo de Gobierno.

9. a) Una excepción del principio de anualidad.

10. d) Las respuestas a) y c) son correctas.

Procedimiento de ejecución del gasto público: Procedimiento general. Procedimientos especiales: Anticipos de caja fija. Pagos a justificar. Pagos en firme. Tramitación anticipada de expedientes de gastos

1. El Presupuesto de la Comunidad Autónoma de Extremadura:

a) Se aprueba con superávit.
b) Se aprueba con déficit.
c) Se aprueba en equilibrio presupuestario, donde el sumatorio de los ingresos presupuestarios tiene que ser igual a los gastos presupuestarios.
d) Ninguna respuesta es correcta.

2. Según la normativa presupuestaria de la Comunidad Autónoma de Extremadura las fases de gestión de los gastos públicos son:

a) Aprobación del gasto.
b) Compromiso del gasto.
c) Ordenación del pago.
d) Todas las respuestas son correctas.

3. Según la Consejería competente en materia de Hacienda el medio preferente de pago es:

a) El efectivo.
b) La transferencia bancaria.
c) La domiciliación bancaria.
d) El cheque.

4. El órgano competente para aprobar los gastos de la Consejería de Hacienda en la Comunidad Autónoma de Extremadura es:

a) El titular de la Consejería.
b) El presidente.

c) El director.
d) El secretario general de la Consejería.

5. El órgano competente para ordenar los pagos en la Comunidad Autónoma de Extremadura es:

a) El titular de la Consejería.
b) La dirección general con competencia en materia de Tesorería.
c) El director.
d) El secretario general de la Consejería.

6. La cuantía global de los anticipos de caja fija no podrá exceder para cada Consejería:

a) Del 5% del total del crédito correspondiente al capítulo primero de gastos de personal.
b) Del 7% del total del crédito correspondiente al capítulo primero de gastos de personal.
c) Del 3% del total del crédito correspondiente al capítulo primero de gastos de personal.
d) Del 10% del total del crédito correspondiente al capítulo primero de gastos de personal.

7. El acto administrativo por el que la autoridad competente gestiona un gasto con cargo a un crédito presupuestario y aprueba su realización, determinando su cuantía de forma cierta, o bien de la forma más aproximada posible cuando no pueda calcularse exactamente, reservando a tal fin la totalidad o una parte del crédito presupuestario corresponde a:

a) Aprobación del gasto.
b) Compromiso del gasto.
c) Ordenación del pago.
d) Todas las respuestas son correctas.

8. El documento que formulará el centro gestor una vez se ha comprometido el gasto se representa por:

a) A.
b) D.
c) O.
d) P.

9. La normativa que regula el presupuesto en la Comunidad Autónoma de Extremadura es:

a) Ley 8/2007, de 19 de abril, General de Hacienda Pública de Extremadura.
b) Ley 10/2007, de 19 de abril, General de Hacienda Pública de Extremadura.
c) Ley 15/2007, de 19 de abril, General de Hacienda Pública de Extremadura.
d) Ley 5/2007, de 19 de abril, General de Hacienda Pública de Extremadura.

10. Los ingresos en el presupuesto de la Comunidad Autónoma de Extremadura:

a) Tienen carácter máximo.
b) Tienen carácter limitativo.
c) Tienen carácter estimativo.
d) Ninguna de las respuestas anteriores.

En MADTEST tienes **más preguntas de este tema**, y todos tus avances quedan registrados y se reflejan en el ranking.

¡Supera tus límites con MADTEST!

Solución al test n.º 28

1. c) Se aprueba en equilibrio presupuestario, donde el sumatorio de los ingresos presupuestarios tiene que ser igual a los gastos presupuestarios.

2. d) Todas las respuestas son correctas.

3. b) La transferencia bancaria.

4. a) El titular de la Consejería.

5. b) La dirección general con competencia en materia de Tesorería.

6. b) Del 7% del total del crédito correspondiente al capítulo primero de gastos de personal.

7. a) Aprobación del gasto.

8. b) D.

9. d) Ley 5/2007, de 19 de abril, General de Hacienda Pública de Extremadura.

10. c) Tienen carácter estimativo.

Ley de Prevención de Riesgos Laborales: Objeto, ámbito de aplicación y definiciones. Derechos y obligaciones

1. Los representantes de los trabajadores con competencia en materia de prevención de riesgos laborales son:

a) Los miembros de la Junta de personal, Junta Facultativo y Junta de Enfermería.
b) Los técnicos de prevención de riesgos laborales.
c) El Servicio de Medicina Preventiva.
d) Los delegados de prevención.

2. ¿Qué se entiende por "riesgo laboral"?

a) La posibilidad de que un trabajador sufra un determinado daño derivado del trabajo.
b) La posibilidad de que un trabajador sufra una enfermedad en el trabajo.
c) La posibilidad de que un trabajador sufra acoso.
d) El riesgo que supone el ir a trabajar.

3. ¿Quién debe garantizar a los trabajadores la vigilancia periódica de su estado de salud en función de los riesgos inherentes al trabajo?

a) La Inspección de Trabajo.
b) El propio trabajador.
c) El empresario.
d) Las secciones sindicales.

4. Indica cuál es la definición de prevención:

a) La probabilidad racional de que un riesgo se materialice de forma inminente.
b) El estudio de los procesos potencialmente peligrosos para el trabajo.

c) Conjunto de actividades o medidas adoptadas o previstas en todas las fases de actividad de la empresa con el fin de evitar o disminuir los riesgos derivados del trabajo.

d) Posibilidad de que un trabajador sufra un determinado daño derivado del trabajo.

5. Señale la respuesta incorrecta:

a) La Ley de Prevención de Riesgos Laborales se aplica a los operativos de Seguridad civil en casos de catástrofe.

b) La Ley de Prevención de Riesgos Laborales se aplica a las sociedades cooperativas.

c) En el ámbito de la relación laboral de carácter especial del servicio del hogar familiar, las personas trabajadoras tienen derecho a una protección eficaz en materia de seguridad y salud en el trabajo.

d) En los establecimientos penitenciarios, se adaptarán a la Ley de Prevención de Riesgos Laborales aquellas actividades cuyas características justifiquen una regulación especial.

6. ¿Cuál es la vigente Ley de Prevención de Riesgos Laborales?

a) Ley 32/1995, de 8 de noviembre.
b) Ley 30/1996, de 8 de noviembre.
c) Ley 31/1995, de 6 de noviembre.
d) Ley 31/1995, de 8 de noviembre

7. ¿Cuántos delegados de prevención se deberán elegir en empresas entre 3001 y 4000 trabajadores?

a) 5.
b) 6.
c) 7.
d) 8.

8. En las empresas de hasta 30 trabajadores el Delegado de Prevención será:

a) El propio empresario.
b) El trabajador más antiguo.
c) El trabajador de mayor cualificación.
d) El delegado de personal.

9. Según la Ley de Prevención de Riesgos Laborales, se constituirá un Comité de Seguridad y Salud en todas las empresas o centros de trabajo que cuenten con:

a) 30 o más trabajadores.
b) 50 o más trabajadores.
c) 75 o más trabajadores.
d) 100 o más trabajadores.

10. ¿Qué capítulo de la Ley 31/1995, de Prevención de Riesgos Laborales se refiere a los derechos y obligaciones?

a) Capítulo 2.
b) Capítulo 3.
c) Capítulo 4.
d) Capítulo 5.

En MADTEST tienes **más preguntas de este tema**, y todos tus avances quedan registrados y se reflejan en el ranking.

¡Supera tus límites con MADTEST!

1. d) Los delegados de prevención.

2. a) La posibilidad de que un trabajador sufra un determinado daño derivado del trabajo.

3. c) El empresario.

4. c) Conjunto de actividades o medidas adoptadas o previstas en todas las fases de actividad de la empresa con el fin de evitar o disminuir los riesgos derivados del trabajo.

5. a) La Ley de Prevención de Riesgos Laborales se aplica a los operativos de Seguridad civil en casos de catástrofe.

6. d) Ley 31/1995, de 8 de noviembre

7. c) 7.

8. d) El delegado de personal.

9. b) 50 o más trabajadores.

10. b) Capítulo 3.

Ley de Igualdad entre Mujeres y Hombres y contra la Violencia de Género en Extremadura: Disposiciones generales. Integración de la perspectiva de género en las políticas públicas. Violencia de Género: Derechos de las mujeres en situaciones de violencia de género a la atención integral y efectiva

1. Según la Ley 8/2011 de Igualdad de Extremadura, el principio general de actuación que impone a los poderes públicos de Extremadura, en el marco de sus competencias, la obligación de adoptar medidas específicas a favor de las mujeres para corregir situaciones patentes de desigualdad de hecho respecto de los hombres, que serán aplicables en tanto subsista dichas situaciones, habrán de ser razonables y proporcionadas en relación con el objetivo perseguido en cada caso, se denomina:

a) La igualdad de oportunidades.
b) El respeto a la diversidad y la diferencia.
c) La igualdad de trato entre mujeres y hombres.
d) Acción positiva.

2. Según la Ley 8/2011, ¿qué medidas se establecen para combatir la violencia de género?

a) Exclusivamente la atención a mujeres víctimas de violencia.
b) Sanciones económicas a los agresores.
c) Sensibilización, prevención y derechos de asistencia, protección y recuperación integral para las víctimas y sus familias.
d) Eliminación de los derechos laborales de los agresores.

3. Las técnicas de análisis y planificación que tienen en cuenta la interacción que se produce entre el género y otros factores de discriminación, con el objetivo de atender a la diversidad de las mujeres, mediante la puesta en marcha de mecanismos antidiscriminación de acción integral, se llaman:

a) La interseccionalidad.
b) La transversalidad.

c) La representación equilibrada.
d) El fomento de la diversidad y la diferencia.

4. Según el artículo 2 de la Ley 8/2011, la ley será de aplicación en el ámbito territorial de la Comunidad Autónoma de Extremadura para los siguientes colectivos salvo uno. Indica cuál:

a) Universidad de Extremadura.
b) Todas las entidades que realicen actividades educativas y de formación cualquiera que sea su tipo, nivel y grado.
c) Las Fuerzas Armadas.
d) A las entidades privadas que suscriban contratos o convenios de colaboración con las Administraciones Públicas de Extremadura o sean beneficiarias de ayudas o subvenciones concedidas por ellas.

5. Se entiende que cualquier tipo de trato desfavorable relacionado con el embarazo, la maternidad o la paternidad constituye:

a) Una situación de desigualdad.
b) Discriminación directa por razón de sexo.
c) Discriminación indirecta.
d) Acoso por razón de sexo.

6. ¿Qué implica la "igualdad de oportunidades" según el artículo 3 de la Ley 8/2011?

a) Adoptar medidas para garantizar el acceso a derechos y eliminar discriminación.
b) Tratar a todos de manera idéntica en cualquier situación.
c) Promover leyes generales sin intervención específica en desigualdades.
d) Establecer políticas laborales únicamente para mujeres.

7. En virtud del principio de ruptura de la brecha de género en la Sociedad de la Información, el Conocimiento y la Imaginación ¿Qué han de priorizar los poderes públicos extremeños para la supresión de cualquier tipo de discriminación y el fomento de la igualdad entre mujeres y los hombres?

a) Promover el acceso exclusivo de las mujeres a la tecnología.
b) Implementar políticas de discriminación positiva para hombres.
c) Considerar las implicaciones de género en el avance estratégico hacia la igualdad.
d) Establecer cuotas de participación femenina en empresas tecnológicas.

8. ¿Qué se entiende por "acción positiva" en el marco de esta ley?

a) Programas diseñados exclusivamente para mujeres empresarias.
b) Medidas específicas para corregir desigualdades mediante políticas afirmativas.
c) Aplicación de políticas de igualdad solo en el ámbito educativo.
d) Exclusión de hombres en sectores donde predominan las mujeres.

9. ¿Qué principio fomenta la representación equilibrada según la Ley 8/2011?

a) La promoción exclusiva de mujeres en cargos públicos.
b) La imposición de cuotas exclusivamente femeninas en empresas privadas.
c) La reducción de la participación masculina en las candidaturas políticas.
d) La paridad de género en órganos de representación y toma de decisiones.

10. ¿Qué se entiende por "discriminación interseccional"?

a) La discriminación basada únicamente en el género.
b) La discriminación que combina racismo y sexismo.
c) La discriminación debida a la orientación sexual.
d) La discriminación causada por el lugar de residencia.

En MADTEST tienes **más preguntas de este tema**, y todos tus avances quedan registrados y se reflejan en el ranking.

¡Supera tus límites con MADTEST!

Solución al test n.º 30

1. d) Acción positiva.

2. c) Sensibilización, prevención y derechos de asistencia, protección y recuperación integral para las víctimas y sus familias.

3. a) La interseccionalidad.

4. c) Las Fuerzas Armadas.

5. b) Discriminación directa por razón de sexo.

6. a) Adoptar medidas para garantizar el acceso a derechos y eliminar discriminación.

7. c) Considerar las implicaciones de género en el avance estratégico hacia la igualdad.

8. b) Medidas específicas para corregir desigualdades mediante políticas afirmativas.

9. d) La paridad de género en órganos de representación y toma de decisiones.

10. b) La discriminación que combina racismo y sexismo.

Cuerpo Administrativo (Especialidad Administración General)
Test del temario

El uso de los códigos **es exclusivo de los compradores de los productos de Editorial MAD**. Cada producto posee un código único y de un solo uso. Es personal e intransferible y da acceso a servicios y contenidos adicionales. Editorial MAD se reserva el derecho de hacer cuantas comprobaciones sean necesarias para identificar al legítimo poseedor del código y dejar de dar servicio a quien haga uso fraudulento del mismo, además de emprender cuantas acciones legales estime oportunas según la legislación vigente.

Deberás acceder a:

mad.es/registro-campus

Si una vez aceptadas las condiciones de uso del Campus decides hacer uso del mismo, necesitarás del siguiente código de acceso junto con los códigos del resto de títulos que se exigen (si fuera el caso):

57NY8VMB6X

Cómo acceder al Curso

Auxiliar de la Policía Local
Temario y test

El uso de los códigos **es exclusivo de los compradores de los productos de Editorial MAD**. Cada producto posee un código único y de un solo uso. Es personal e intransferible y da acceso a servicios y contenidos adicionales. Editorial MAD se reserva el derecho de hacer cuantas comprobaciones sean necesarias para identificar al legítimo poseedor del código y dejar de dar servicio a quien haga uso fraudulento del mismo, además de emprender cuantas acciones legales estime oportunas según la legislación vigente.

Deberás acceder a:

mad.es/registro-campus

Si una vez aceptadas las condiciones de uso del Campus decides hacer uso del mismo, necesitarás del siguiente código de acceso junto con los códigos del resto de títulos que se exigen (si fuera el caso):

4JDHVGKNZ9